VERLAG ANTJE
KUNSTMANN

Gabriele von Arnim | Christiane Grefe
Susanne Mayer | Evelyn Roll | Elke Schmitter

WAS TUN

DEMOKRATIE VERSTEHT SICH NICHT VON SELBST

Verlag Antje Kunstmann

Die Einnahmen aus dem Verkauf dieses Buchs gehen als Spende an die Organisation »Reporter ohne Grenzen«.

INHALT

WAR'S DAS?

Bangen, zittern, angespannt in den Nachrichten verfolgen, wie es läuft – so sah es aus, das letzte politische Jahr. Das Brexit-Referendum. Die Wahl des amerikanischen Präsidenten. Die Machtanmaßung eines türkischen Autokraten. Der Angriff des Front National auf den Elysée Palast von Paris. Der Einzug der AfD in Deutschlands Parlamente. Es wird unübersehbar, wie zerbrechlich sie ist, unsere Demokratie.

Zwar gelang es Emmanuel Macron im Mai, was für eine Erleichterung, die rassistische Politikerin Marine Le Pen zu besiegen, zu den Klängen der Europahymne »Freude schöner Götterfunken« feierte der neue Präsident im Hof des Louvre. Aber wahr ist eben auch: Die extreme Rechte konnte ein Drittel aller Wählerstimmen auf sich ziehen. Großbritannien wird die EU verlassen (wenn kein englisches Wunder geschieht). In der Türkei hat, unter schon repressiven Verhältnissen, eine Mehrheit für die Einschränkung ihrer demokratischen Rechte gestimmt. Aus Washington treffen Schreckensmeldungen ein. In Deutschland wächst die Zahl der rechtsradikal begründeten Gewalttaten stetig. Und wer nach Ungarn und Polen guckt, sieht auch ins demokratische Dunkelgrau.

Genug, meinen wir. Wer die Demokratie liebt, muss jetzt für sie kämpfen.

Nur wie?

Jeder, wie er kann. Dieses Buch ist für alle, die auch nicht zusehen wollen, wie das, was mühsam erkämpft wurde, nun zerrieben wird: die offene Gesellschaft. Der Rechtsstaat, der auf die Magna Carta von 1215 zurückgeht. Der Schutz des Individuums vor willkürlicher Verhaftung, festgehalten im Habeas-Corpus-Act, London 1679. Die Meinungsfreiheit, die Pluralität und Unabhängigkeit der Presse. Soziale Gerechtigkeit als politisches Ziel, die Emanzipation als Voraussetzung allen Tuns. Ein Leben in Frieden. Der Zusammenschluss Europas um diese Ideale.

Fünf Journalistinnen, fünf Perspektiven. Wir beschreiben, warum es gute – schlechte – Gründe gibt für die politische Frustration. Wie man Fake News erkennt und die Verdrehung der Realität bekämpft. Wir feiern die Demokratie und die Utopien, die schon verwirklicht sind. Wir zeigen, was das bedeutet: sich ernst zu nehmen als Staatsbürger und sich ein fundiertes Urteil zu bilden – über die Welt und über unsere Chancen, sie zu verbessern.

Dieses Buch gibt keine Wahlempfehlung, sondern Ausblicke auf politische Aktion. Etwa: In eine Partei eintreten. Oder: Auf die Straße gehen und mit seinem Körper vertreten, wofür man steht. Das letzte Kapitel versammelt eine Fülle von Möglichkeiten, sich zu engagieren.

Denn wenn die Frage ist: Was tun?
Dann lautet die Antwort: Was tun!

1 Christiane Grefe
HIER LÄUFT WAS SCHIEF

Wie Politik und Staat so geschwächt wurden, dass viele Bürger heute beiden nichts mehr zutrauen

Wir sind ganz schön vergesslich. Oder erinnert sich noch jemand an den Börsenrausch der »New Economy« Ende der 90er-Jahre? Jeder, der ein paar Mark übrig hatte, setzte damals auf den »Neuen Markt-Index« der IT- und Telekommunikationsbranchen. Deutschlehrer folgten in der Freistunde ihrem »Börsenguru«, selbst Arbeitslose wurden zu Aktienzockern. In jenen Jahren gab es ernsthafte Debatten darüber, warum man Kindern überhaupt noch Disziplin beibringen solle; schließlich werde bald kaum noch jemand arbeiten müssen. Denn dank der schnellen globalen Kommunikationsnetze arbeite ja jetzt das Geld!

Bis drei Jahre später die »Dotcom-Blase« platzte. Reihenweise gingen Unternehmen pleite. Der Boom war auf Spekulation und falsche Versprechungen gebaut. 200 Milliarden Euro lösten sich in Luft auf, so wie die Träume ihrer Anleger. Das Geld, das sich in der virtuellen Realität so fleißig vermehrt hatte, erwies sich als genau das: virtuell.

Soll nicht wieder vorkommen? Von wegen: Nur zehn Jahre später wieder Spekulation, wieder Luftgeld, das in keiner »Realwirtschaft« geerdet war. Amerikas überdrehte Immobilienkredite und hyperundurchsichtige Anlageprodukte brachten die nächste Blase zum Platzen – und die gesamte Weltwirtschaft an den Rand des Abgrunds. Es war die größte globale Finanzkrise seit dem Schwarzen Freitag 1929. Auch in Europa raunten Sparer vor dem EC-Automaten: Wie lange wird noch was rauskommen? Wird es eine Massenarbeitslosigkeit wie in den 20er-Jahren geben?

Was hat das alles mit der heutigen Erosion der Demokratie zu tun? Eine ganze Menge. Wenn man verstehen will, woher die weltweite Anziehungskraft der Populisten, der drohende Zerfall Europas und die Hoffnung auf starke Männer und Staaten rühren, dann fordert das auch einen Blick zurück auf die Erfahrungen im globalen Finanzkasino und eine verfehlte Form der Globalisierung. Unter der Oberfläche von »Make America great again« und »Wir sind das Volk«-Parolen schwelen auch Angst, Wut und Ohnmacht über die Folgen des sogenannten Neoliberalismus.

Natürlich haben der bizarre Aufstieg Donald Trumps, der Machtausbau von Autokraten wie Erdoğan und die Wahlerfolge von Marine Le Pen oder Orbán jeweils national unterschiedliche Ursachen. Doch eines trifft alle Länder: Rund um den Globus hat die einseitige Fixierung auf den Markt die sozialen Sicherheiten und Solidarstrukturen untergraben, Gemeinschaften, Kulturen und natürliche Ressourcen zerstört, den ökologischen Umbau des westlichen Wirtschaftsmodells aufgehalten. Und dabei wurden zugleich Politik und Staat so heruntergeredet und geschwächt, dass viele Bürger heute beiden misstrauen.

Das Drama begann mit einem Dreisprung der internationalen Wirtschafts- und Finanzpolitik: Erst wurden in den 70er und 80er Jahren die Finanzmärkte dereguliert. Dann folgte der »Washington Konsens«: Der Internationale Währungsfonds und die Weltbank machten ihre Kredite davon abhängig, dass die Schuldnerländer von Afrika bis Asien ihre Zollschranken öffneten, Verwaltungen abbauten und staatliche Gemeinwohlaufgaben privaten Anbietern zugänglich machten. 1994 schließlich wurde ein neuer Welthandelsvertrag besiegelt, der freie Märkte rund um den Globus zum Dogma erhob.

Schneller und effizienter als Regierungen würden Unternehmen für neue Jobs sorgen und die Armut beseitigen: diese »Friedensdividende« war das große Versprechen der Marktbefreiungsaktion nach dem Zusammenbruch des sozialistischen Ostblocks. Doch tatsächlich folgte dem Wettbewerb der Systeme nun der Wettbewerb aller gegen alle. Arme Länder wie Thailand oder Ghana mussten kaum geschützt gegen die stärksten Wirtschaftsmächte der Welt antreten. In einigen Entwicklungsländern brachen ohnehin schwache Industrien zusammen, nachdem die Zollschranken gefallen waren; oder es konnten erst gar keine eigenen Unternehmen entstehen. Der Druck, staatliche Versorgungsstrukturen abzubauen, machte fragile Staaten noch weniger handlungsfähig, um gegenzusteuern und für ihre Bürger da zu sein.

Von den neuen Regeln profitierten am meisten große Konzerne, und ihr Vormarsch setzte ein erpresserisches *race to the bottom* in Gang. Ein Rattenrennen, immer abwärts. Kühl spielten transnationale Unternehmen die Länder gegeneinander aus. Den Zuschlag für Produktionsstätten und damit Jobs bekam die Regierung, die mit den niedrigsten sozialen Standards lockte und bereit war, ihre natürlichen Ressourcen rücksichtsloser Ausbeutung preiszugeben. Wo sich Textilarbeiterinnen bessere Löhne erkämpft hatten, wo Wälder, Moore, Land und Kohlehalden ausgeschlachtet waren, da zogen die Investoren weiter.

Die Integration Europas wurde nach den gleichen marktradikalen Vorgaben vorangetrieben. Fast alles hat sich an den Forderungen des Binnenmarktes auszurichten. Er treibt die ungleichen Ökonomien Nord-, Ost- und Südeuropas auch untereinander in einen ungleichen Wettbewerb. Und hat damit leichtes Spiel: Schon seit ihrer Gründung als »Europäische Wirtschaftsgemeinschaft« krankt die EU daran, dass der ökonomischen Integration keine gleichwertige Sozialpolitik gegenübersteht – und kein Parlament, das diese auf Augenhöhe mit dem dominanten Ministerrat durchsetzen könnte.

Im Rahmen dieser globalen und europäischen Ordnung haben nationale Regierungen nur noch begrenzte Spielräume, um beispielsweise staatlichen Dienstleistungen, ökologisch verantwortlichen Anbauweisen oder bestimmten Energietechnologien Vorfahrt zu geben. Wie tief die neuen Regeln in die souveräne Entscheidungsmacht der Staaten eingriffen, das wurde vielen Parlamentariern auch in Deutschland erst klar, als sie das Welthandelsabkommen schon ratifiziert hatten.

Es wäre ungerecht, die Erfolge dieser »Entfesselung des Marktes« zu leugnen. Die kreativen Seiten des Kapitalismus haben weltweit einen beispiellosen materiellen Wohlstand ermöglicht, und das auch für einen Teil der

Armen in manchen Entwicklungsländern; China allen voran. So weit bekamen die Marktapologeten recht.

Aber der Wohlstand, den die »transnationale Verbraucherklasse« (Wolfgang Sachs) in Nord und Süd genießt, wurde mit der zerstörerischen Ausbeutung von Öl, Mineralien, Soja, Palmöl, Fischgründen und anderen Ressourcen erkauft; mit der blinden Übernutzung von Wäldern und fruchtbarem Land und letztlich damit, dass reiche Länder die Umweltkosten ihres eigenen verschwenderischen Lebensstils einfach anderen aufgebürdet haben. Das gefährdet die Lebensgrundlage von Hunderten Millionen Bauern, Hirten und Waldbewohnern, die unmittelbar von natürlichen Ressourcen leben, und hat schon viele dieser Menschen entwurzelt. Verstärkt durch die Folgen des Klimawandels, heizt der Raubbau in Ländern wie Kongo, Syrien, Nordnigeria, Indonesien oder Kolumbien Konflikte zusätzlich an. So viele Flüchtlinge wie heute gab es seit dem Zweiten Weltkrieg nicht. Sie machen sich meist in die Städte oder in fruchtbarere Regionen ihrer Länder auf. Wenn sie Grenzen überschreiten, dann in den allermeisten Fällen nicht Richtung Europa, sondern in Nachbarstaaten wie Jordanien oder Uganda; Länder also, die ungleich ärmer sind als Deutschland.

Zugleich ist der neue Wohlstand himmelschreiend ungleich verteilt. Weltweit besitzt ein einziges Prozent der Bevölkerung mehr als die Hälfte des globalen Vermögens. Das Jahreseinkommen der ärmsten zehn Prozent ist zwischen 1988 und 2011 um 65 Dollar pro Person gestiegen, während ein Prozent an der Spitze 11 800 Dollar zusätzlich einnehmen konnte. Besonders in Schwellenländern, wo nackte Armut herrscht, wirkt die Ungerechtigkeit provozierend. Die staatlichen Angriffe auf JournalistInnen, Oppositionspolitiker und Nichtregierungsorganisationen zielen von Ägypten über die Türkei bis nach China und Indien auch darauf, Proteste unter Kontrolle zu halten.

In Europa haben die neuen Regeln ebenfalls die Starken gestärkt, profitiert hat vor allem der »Exportweltmeister«. Die Tatsache, dass Deutschland seine Handelsbilanzüberschüsse auch auf Kosten der Industrien Spaniens, Portugals, Italiens – und der Menschen, die dort leben – gewinnt, diese Rücksichtslosigkeit gegenüber dem Rest Europas ist in deutschen Medien selten ein Thema.

Dabei ist Deutschland selbst in Ungleichheit zerrissen. Trotz der guten Wirtschaftslage ist die Hälfte des Nettovermögens auf nur zehn Prozent reicher Bundesbürger konzentriert, während zehn Prozent der Haushalte am unteren Ende real weniger Einkommen haben als Mitte der 90er-Jahre. Das liegt nicht zuletzt an den prekären Arbeitsverhältnissen, die durch die Politik der Liberalisierung entstanden sind. Etwa ein Viertel der Beschäftigten unter 35 Jahren hat nur befristete Verträge, bei den unter 25-Jährigen sogar die Hälfte. Oft vereinzelt. Wo immer mehr Menschen »frei« arbeiten, fehlt die Unterstützung von Betriebsräten und Gewerkschaften. Auch das schafft Verunsicherung.

In der Rückschau fragt man sich, wie die Vorherrschaft des Ökonomischen jahrelang fast widerspruchslos überhöht werden konnte. Selbst der sozialdemokratische Bundeskanzler Schröder übernahm Maggie Thatchers berühmtes Diktum von der »Alternativlosigkeit«, und Joschka Fischer von den Grünen stellte fest, es gebe keine grüne Außenpolitik, sondern nur Außenpolitik. In dieser Ideologie, die politische Ausrichtungen zum Anachronismus erklärte, waren deren Kritiker schnell als »politisch korrekte« oder peinliche »Gutmenschen« diskreditiert, und Manager und Medien verspotteten fruchtbaren parlamentarischen Streit als »Kakofonie«. Selbst viele Umweltschützer fielen irgendwann auf die Ideologie des schwachen Staats herein und setzten lieber darauf, Unternehmen zu beeinflussen als Regierungen. Ein früherer Chef des WWF etwa erklärte, bei Fragen der Nachhaltigkeit sei »Coca-Cola wichtiger als die Vereinten Nationen«. Kulturell versandete seinerzeit jede Kritik in einer gut gelaunten Konsumgesellschaft, die selbst Achtjährige unter Marken-Druck setzte.

Erst als der neoliberale Traumpalast 2007 mit der Finanzkrise, der Nahrungsmittelpreiskrise und dem erschreckenden Bericht des Weltklimarates einstürzte, kam das Erwachen. Schockartig, »als wären wir auf einer Party gewesen«, schrieb Felix Dodds vom Global Research Institute, »und hätten jetzt, am Morgen danach, einen Kater – und was für einen«! Man rieb sich die Augen und sah einen Scherbenhaufen.

Das alles schürt nicht nur Frust in der Gegenwart, sondern auch Zukunftsängste. Laut einer Forsa-Umfrage rechnen 85 Prozent der Bundesbürger mit mehr Altersarmut und 80 Prozent mit schlechteren Startchancen für die Jüngeren und die sozial Schwachen. Und einige werden wütend. Wütend darüber, dass zwar die Banken gerettet wurden, aber sie selbst zuschauen müssen, wie die anhaltende Nullzinspolitik ihre kleinen Ersparnisse schleichend vertrocknen lässt wie eine Pfütze in der Sommerhitze; einschließlich der Renten, für die sie zusätzlich private Vorsorge treffen mussten, weil die staatlichen Ansprüche ausgehöhlt wurden. Viele sind wütend darüber, dass Krankenschwestern oder Anstreicher jahrelang einen vielfach höheren Steueranteil ihres Einkommens bezahlten als zum Beispiel digitale Riesen wie Amazon oder Apple. Wütend auf »die Politiker«, die das alles vermasselt haben. Auf »Europa«. Und einige werden dann auch wütend auf die Flüchtlinge, die jetzt auch noch versorgt werden sollen und alles noch schwieriger machen. Diese Wut wird von den populistischen Parteien verantwortungslos geschürt und instrumentalisiert. Ihren Anhängern gaukeln sie vor, sie könnten im Durcheinander der entgrenzten Welt alles wieder zurechtrücken wie früher.

In den Feuilletons streiten die Kommentatoren, ob sich tatsächlich vor allem die »Abgehängten« oder eher die Wohlsituierten und Kleinbürger, die ihre Besitzstände verteidigen, populistischen Parteien mit ihren scheinbar so einfachen Lösungen anschließen. Ein unfruchtbarer Streit, denn AfD, Front National oder Trumps Republikaner buhlen um beide. Der Münchner Soziologe Stefan Lessenich sieht auch einen Teil der Mittelschichten von der diffusen Sorge ergriffen, »dass sich die Zeiten radikal wandeln, dass die Voraussetzungen der eigenen Lebensweise nicht mehr gesichert sind, dass die gute alte Zeit der ungeheuren Privilegierung der westlichen Wohlstandsgesellschaft im Weltmaßstab zu Ende geht – und nicht wiederkehren wird«. Der Autor Achille Mbembe aus Kamerun sieht das von außen noch schärfer: Deutschland sei »ein wunderschönes Museum, das die Vergangenheit ausstellt und versucht, das Chaos der Gegenwart von sich fernzuhalten«.

»Out of Control« war bei Donald Trumps Wahlkampfangriffen eines der häufigsten Schlagworte. Dem vermeintlichen Chaos stellte er seine vermeintliche Fähigkeit entgegen, bald wieder alles in Griff zu kriegen. »Außer Kontrolle«, tönen genauso demagogisch Politiker der AfD. Sie wüten gegen das »unfähige« Establishment, das die »kleinen Leute« vergesse. Dabei kommen ihre eigenen wirtschaftspolitischen Vorschläge wie die von Trump erst recht den Wohlhabenden zugute. Und ihre Rückschrittlichkeit, die nur das Nationale sieht, noch dazu dessen verkitschte Verzerrung: Sie läuft umso mehr auf das Recht des Stärkeren hinaus.

Nationalismus und Protektionismus waren die Wegbereiter des Ersten wie des Zweiten Weltkriegs. Damals warnte der US-Präsident Franklin D. Roosevelt, ein großer Sozialreformer: »Die Freiheit in der Demokratie ist nicht mehr gesichert, wenn die Menschen das Wachstum privater Macht so weit tolerieren, dass diese den demokratischen Staat übertrumpft.«

Doch wie damals in den USA, so gibt es auch heute Gegenkräfte, die wieder mehr staatliche Regeln fordern. Zumindest rhetorisch ist die reine Marktideologie Geschichte, ihre radikalsten Kritiker treffen sich mittlerweile beim Weltwirtschaftsgipfel in Davos. Auch die OECD, der Klub der alten Wirtschaftsmächte, fordert, dass Reiche und multinationale Unternehmen ihren Teil der Steuerlast tragen müssen. »Neoliberal war einmal«, titelte kürzlich die »Süddeutsche Zeitung« in einem Bericht über interne Papiere des IWF. Darin heißt es, immer noch vorsichtig im Konjunktiv: »Langfristig angelegte Maßnahmen zur Umverteilung könnten erforderlich sein.«

Das können und müssen jetzt alle beim Wort nehmen, die eine weltoffene Gesellschaft vor dem nationalistischen Spuk bewahren und auf globale Zusammenarbeit statt globaler Selbstzerstörung setzen. Sie können die Regierungen auch an der »Agenda 2030« messen, dem Globalen Zukunftsvertrag, den die Vereinten Nationen im Jahr 2015 beschlossen haben. Er dekliniert in siebzehn konkreten Zielen, wie die Welt innerhalb der nächsten fünfzehn Jahre gerechter werden und lebensfähig bleiben, »nachhaltig« werden kann. Fast alle Staaten haben ihn unterzeichnet. Selbst Erdoğan, Putin, die Autokraten Afrikas. Sie alle müssen jetzt immer wieder an diese Selbstverpflichtungen erinnert werden.

Denn auch der populistische Standardsatz »die da oben tun sowieso, was sie wollen« ist falsch. Dass sich der Marktradikalismus durchgesetzt hat, war eben kein Naturgesetz. Politiker haben ihre Entmachtung selbst mit beschlossen. Das geschah auf Druck großer Konzerne. Wenn Bürger Gegendruck machen, wenn sie sich in zivilgesellschaftlichen Gruppen und in Parteien zu Hause und über Grenzen hinweg wieder intensiver einmischen (und dafür streiten, dass das auch in anderen Ländern möglich bleibt), dann werden Regierungen das Gemeinwohl wieder stärken. Die Zahl derer, die neue Zukunftsbilder entwerfen, wächst laufend: Bilder von einer anderen Globalisierung, einem anderen Wachstum, einer anderen Landwirtschaft. Von einem anderen Europa, bei dem die Bürger stärker repräsentiert sind. Schließlich hat auch schon der Ex-Bundeskanzler Helmut Schmidt gefordert, dass das Europäische Parlament in einer »Revolution« gegen den starken Ministerrat mehr Rechte erobern solle.

Helmut Schmidt und eine Utopie …?

Es wird ein Langstreckenlauf werden. Aber sehr viele sind schon losgelaufen!

2

Elke Schmitter

DIE UTOPIE IST SCHON DA

Menschen sind lernfähig und Gesellschaften sind veränderbar.

Das Utopische hatte lange keinen guten Ruf. Das ganz Andere zu denken, etwas Neues zu entwerfen, die Fantasie zu bemühen: Das galt nicht als ein Zeichen von kluger Unzufriedenheit, sondern als zwecklose Anstrengung, sogar als kindisch oder naiv. Gerade die Deutschen haben sich an das Wort »alternativlos« gewöhnt – eigentlich das Gegenteil von Politik, aber inzwischen fast ein Qualitätsausweis. Wer »alternativlos« regiert, wer Utopien gar nicht erst im Raum des Möglichen zulässt, der handelt, so soll es scheinen, pragmatisch, realistisch und erwachsen.

Aber *erstens* gibt es Zeiten, da ist das Gegenteil wahr. Da kann zum Beispiel Europa – als politische Idee eine Utopie, aus der die EU entstanden ist – nichts Besseres tun, als sich auf seinen radikalen Grundentwurf zu besinnen: die Überwindung der Nationalstaaterei zum Wohle aller BürgerInnen auf diesem Kontinent, die Erschaffung einer europäischen Republik, in der Frieden, Gemeinwohl und individuelle Rechte für alle eine tägliche Erfahrung sind. Dies war einmal die Idee. Derzeit aber sind die europäischen Institutionen derart zerrieben von immer neuen Krisen, tief erschöpft vom Lavieren zwischen den Ansprüchen der Nationalstaaten und deformiert von der sozialen und wirtschaftlichen Ungleichheit in ihren Regionen, dass ihr einstiger utopischer Gehalt beinahe gänzlich verschüttet ist. Und Europas Zusammenhalt ist labiler denn je. Der Brexit ist beschlossen, die rechtsnationalen wie die linksradikalen populistischen Bewegungen wollen raus, während Anwärter auf dem Balkan reinwollen, aber erst mal rausgehalten werden. Alles starrt auf das mächtige, mittige Deutschland, das führen soll, aber kein Vertrauen genießt: Zu offensichtlich hat es von den Krisen der kleineren Partner wirtschaftlich profitiert, zu selbstzufrieden ist es in der »alternativlosen« Politik des europäischen Weiterwurstelns und seiner Sparpolitik, die für die kleinen europäischen Partner verheerende Folgen hat. Der politische Apparat in Brüssel kann sich nicht selbst radikal erneuern, er steht für den Status quo und ist darin gefangen. Für die Verwirklichung der utopischen Idee, die am Anfang aller EU-Verträge stand und deren vorläufiges Ergebnis – unsere heutige Europäische Union – derzeit von Krisen und systemischen Unwuchten geschüttelt und zerrieben wird, kämpft zum Beispiel die Bewegung für eine Europäische Republik um die Politikwissenschaftlerin Ulrike Guérot (siehe S. 107). Und für eine lebendige Demokratie, die sich nicht in Wahlen und Plebisziten erschöpft, werben mit klugen und friedlichen Mitteln Akteure wie der belgische Historiker David Van Reybrouck (siehe S. 108).

Erstens also sind Utopien nicht Spinnerei, sondern in Worte gefasste Energie. Es sind Wünsche, aus denen Ziele werden; politisch gesagt: eine Agenda. Sie geben Richtungen des Handelns vor, sie erzwingen Kooperation, die als solche schon das Leben aller Beteiligten verändert. Sie werden Erfahrung. Indem sie das Leben auf Ziele und Maßstäbe ausrichten, die größer sind als die eigene Lebenszeit und die Handlungsmöglichkeit des Einzelnen, verbinden sie uns mit anderen in der Gegenwart, aber auch in Vergangenheit und Zukunft. Sie erinnern uns daran, dass politisches Handeln, wie Barack Obama zum Ende seiner Amtszeit sagte, kein Einzelkampf ist, sondern ein Staffellauf: Wir nehmen das Holz und tragen es weiter, und am Etappenziel steht nicht Sieg oder Niederlage, sondern ein Mitspieler, dem wir es übergeben.

Und *zweitens* leben wir in Zeiten, in denen viele und große Utopien längst wahr geworden sind. Wir merken es oft nur nicht.

Am 10. Dezember 1948, drei Jahre nach dem größten und verheerendsten Krieg in der Geschichte der Menschheit, verkündete die Generalversammlung der Vereinten Nationen die »Allgemeine Erklärung der Menschenrechte«. Schon die Institution selbst war und ist die Verwirklichung einer Utopie – der Idee eines Weltbürgertums, in der die Nationen miteinander verhandeln, gleichberechtigt und frei. In der man sich auf gemeinsame Ziele verständigt. In der man Konflikte nicht militärisch löst und nicht durch wirtschaftliche Erpressung. In der, allein schon durch die gewählte Form der offenen Rede (statt der geheimen und immer andere ausschließenden Diplomatie), geübt werden soll, was immer schwerfällt, wenn Menschen zusammen sind – und was doch tatsächlich alternativlos ist, wenn man Krieg, Zwang und Gewalt vermeiden will: die Verpflichtung auf Maßstäbe, wie man miteinander umgeht. Und die Formulierung all dessen, was man für gut hält, unabhängig von einzelnen Interessen, von persönlichen Vorlieben oder religiösen Überzeugungen.

Und das immerhin kam dabei heraus: »Alle Menschen sind frei und gleich an Würde und Rechten geboren« (Artikel 1). Geschlecht, Hautfarbe, Sprache, Religion, soziale Herkunft, politische und sonstige Überzeugung, Eigentum – all das spielt für diese Grundrechte keine Rolle (Artikel 2). Sklaverei und Folter sind verboten, es gilt die Unschuldsvermutung für alle Angeklagten, Auswanderungsrecht und das Recht auf Asyl, das Recht auf Staatsbürgerschaft, das Recht auf freie Familiengründung, auf Eigentum, auf Gedanken-, Gewissens- und Informationsfreiheit, auf freie Wahlen, auf Arbeit und Freizeit, auf soziale Sicherheit, auf Bildung und Wohlfahrt und auf eine politische Ordnung, in der all dies verwirklicht ist (Artikel 3–28).

Die Vereinten Nationen sind, wie alle Institutionen, so stark wie ihre Verfassung und so schwach wie ihre Mittel. Sie haben eine Agenda, die sie verpflichtet – und alle ihre Mitglieder. Aber die Durchsetzung dieser Agenda hängt von den Mitteln ab: von den Personen, die daran arbeiten, von dem System, das sie miteinander bilden, und von der materiellen Ausstattung, die sie zur Verfügung haben.

Die gute Nachricht: Menschen sind lernfähig, und Systeme sind veränderbar. Im Kampf gegen den Hunger sitzen, zum Beispiel, seit einigen Jahren erstmals die Betroffenen selbst mit am Verhandlungstisch. Das Welternährungskomitee der Vereinten Nationen, das über Boden- und Landnutzungsrechte berät, hat 2015 in Rom alle Regierungen aufgefordert, nationale Strategien gegen den Hunger zu erarbeiten: Sie sollen aktiv Landgrabbing, Gewalt und Korruption verhindern, wenn Boden verpachtet oder verkauft wird; erstmals sollen auch die traditionellen Eigentumsformen indigener Völker respektiert werden. Von Menschen, die oft ausschließlich von dem leben, was sie in Savannen, in Sümpfen und Wäldern sammeln und erjagen. Landarbeiter, Bauern und andere Gruppen, die von Landwirtschaftspolitik am unmittelbarsten betroffen sind, stehen im Zentrum der Beschlüsse. All das wäre so nicht verabschiedet worden, hätten nicht Vertreter von indigenen Völkern, von Nichtregierungsorganisationen und von Stiftungen die Beratungen begleitet. Abstimmungsrecht hatten sie nicht – aber das Recht zu reden und mitzuformulieren, was dann beschlossen wird.

Aber ja, die Wirklichkeit hinkt hinterher. Das ist ihre Gangart. Und doch leben wir in Zeiten, in denen das Utopische von einem Wunschtraum zum Maßstab geworden ist. Denn der wissenschaftliche und der ökonomische Fortschritt schufen Verhältnisse, in denen das materielle Elend abgeschafft werden kann. In denen kein Erdenbewohner mehr hungern oder an heilbaren Krankheiten sterben müsste. In denen außerdem die Produktion der notwendigen Güter sich so weit rationalisieren ließe, dass das Leben aller Menschen endlich mehr sein könnte als eine Mühsal, ein ächzendes Ringen auf niedrigstem Niveau. Mehr als Schufterei, um zu überleben und seine Kinder vorzubereiten, unter demselben Schicksal zu leiden.

In diesem Sinne hat die Utopie – seit der Philosoph und Staatsmann Thomas Morus vor gut 500 Jahren mit seinem Roman »Utopia« sie in der politischen Debatte etablierte – einen anderen Sinn bekommen. Sie ist von einem paradiesischen Traum zu einem Ziel geworden. Das in vielen Ländern nicht nur Europas längst Realität geworden ist – und damit gewissermaßen unanschaulich. Ein funktionierendes Gesundheitssystem, kostenlose Bildung, die Ächtung von Gewalt, Rechtssicherheit, legale Empfängnisverhütung, freie Partnerwahl, Diskriminierungsverbote: all dies ist Alltag und war einmal Utopie.

In Zeiten, da man vor allem auf die Straße ging, um etwas zu erreichen, waren kollektive Bewegungen leichter zu erkennen als in der vernetzten Gegenwart. Utopisches Denken rumort nach wie vor. Es hält sich einerseits in den sozialen Nischen auf – in den zahllosen Gruppen und Vereinen, die Schulen in Afghanistan unterstützen, die Ökodörfer gründen, die Kleinkredite über das Netz vergeben, die gegen Beschneidung kämpfen, die gefährdeten JournalistInnen Rechtshilfe geben ... Es trägt außerdem jene still wachsenden Bewegungen, die, im besten Sinne utopisch, elementare Kategorien der Geschichte ablösen wollen: Das zu beschulende Kind durch das aktiv lernende, wie beispielsweise bei der »Schule im Aufbruch« um Gerald Hüther. Den Sozialhilfeempfänger durch den Bezieher eines Grundeinkommens, wie in diversen Programmen nicht nur in Europa. Den Staatsangehörigen durch den Weltbürger – wie in den Graswurzelinitiativen rund um den Globus und in den internationalen Organisationen. Die beharrlich darauf hinarbeiten, dass die Allgemeinen Menschenrechte von einer radikalen Utopie zu einer Realität werden, die sich einklagen lässt: als das Recht auf den Zugang zu sauberem Wasser, als das Recht, auf unverseuchten Böden zu leben, als das Recht auf Bildung und körperliche Unversehrtheit, auf soziale Gerechtigkeit und Freiheit von Diskriminierung.

Ein Prozess, der von zahllosen Rückschlägen begleitet ist, von realpolitischen Machtmanövern, von Ignoranz, Korruption und dem menschlichen Makel in jeder Form; wie sollte es anders sein?

Aber eben eine fortlaufende Bewegung, ins Werk gesetzt von Institutionen, die selbst schon so etwas sind wie die Verwirklichung einer Utopie: ein weites Feld für den Möglichkeitssinn, der sich nicht nur auf die Zukunft richtet, sondern auch in der Gegenwart trainiert.

Man kann jederzeit anfangen.

3 Gabriele von Arnim
LIEBESERKLÄRUNGEN

Wie geht es Ihnen in der Demokratie?

Er ist gerade bei seinen Geschwistern in der Türkei gewesen. Seine Frau hatte Angst. Wenn du mich liebst, hat sie zu ihm gesagt, dann sagst du dort kein Wort. Er hat sich wohl daran gehalten, denn nun ist er heil zurück und plaudert mit seinen Kunden auf dem Berliner Wochenmarkt, denen er französischen, deutschen oder holländischen Käse verkauft. Aber der Besuch in der alten Heimat hat ihn bestürzt. »Weißt du«, sagt er, »wenn du anfangen musst, in einem Land zu flüstern, dann magst du in dem Land nicht mehr sein.«

Meine russische Nachbarin, 66, lebt seit vierzig Jahren in Deutschland, weiß aber noch genau, wie es war, flüstern zu müssen. »Wenn wir uns in St. Petersburg zu den berühmten Küchengesprächen getroffen haben, dann haben wir immer sofort das Radio angemacht, das Wasser laufen lassen, das Telefon ausgehängt und den Hörer in ein großes Kissen gewickelt. Ich bin sehr froh«, sagt sie, »in einer Demokratie leben zu dürfen.«

»Für mich«, sagt Renate Harpprecht, 93, Auschwitz-Überlebende und ehemalige Journalistin, »heißt Demokratie in erster Linie: keine Angst haben zu müssen und Vertrauen haben zu dürfen in Institutionen.«

Verena Hatzfeld, 66, ehemalige Entwicklungshelferin, sagt, die mexikanische Antwort auf die Frage nach der Demokratie laute: Sich nicht fürchten zu müssen vor der Polizei. Denn die sei korrupt und kriminell und wahrlich keine Institution, an die man sich schutzsuchend wenden möchte.

Rudolf Hilker, 83, war von seinem zehnten bis zwölften Lebensjahr in einer »Napola« (nationalpolitische Erziehungsanstalt für die zukünftige Nazi-Elite) und fragt sich seither, was aus ihm geworden wäre, wenn die Hitler-Herrschaft länger gedauert hätte. Hätte er sich angepasst, eingefügt, hätte er womöglich mitgemacht?

Für ihn ist Freiheit ein Geschenk.

Immer wieder erzählen mir Menschen von dem Glück, in diesem Land und in diesem System, sicher und frei sein zu dürfen. Grund genug, könnte man denken, in einer Demokratie leben zu wollen – trotz augenfälliger Ungerechtigkeiten, die es natürlich auch gibt, trotz Machtmissbrauch oder diskriminierender Ausgrenzung, trotz der immer wieder verletzenden Wirklichkeit selbst im demokratischen Alltag. Denn: Man kann wählen. Man kann sich wehren. Man kann sein Recht einklagen – auch gegen den Staat. Man hat das Privileg, seine Freiheit zu leben – die Grenze ist allein die Freiheit der anderen.

»The right to swing my fist ends where the other man's nose begins«

2016 war – wie wir alle wissen – ein schlechtes Jahr für die Demokratie. Während in der Dekade zwischen 1983 und 1993 ein weltweiter Trend in Richtung Freiheit und Demokratisierung zu beobachten war, hat es in den letzten zehn Jahren eine Kehrtwendung gegeben. Der Demokratieindex sinkt (freedomhouse.org). In manchen Staaten mit erschreckender Geschwindigkeit. Grober Hass im Netz, pauschalisierende Verachtung für Politiker, Gegeifer gegen demokratische Parteien, simple Parolen gegen komplexe Zusammenhänge. Der demokratische Anstand verschwindet immer häufiger hinter Fratzen der Wut und der Gewalt.

2016 zählte die Bundesregierung mehr als siebenhundert rechtsmotivierte Straftaten allein gegen Mandatsträger. Das sind doppelt so viele wie im Vorjahr.

Spätestens seit der Entscheidung für den Brexit und dem Wahlsieg Donald Trumps in den Vereinigten Staaten, seit Erdoğans Willkür- und Unterdrückungsherrschaft sehen viele gelähmt und alarmiert dem Niedergang der Demokratie zu. Auch ich hockte im grauen Zwielicht meiner Ratlosigkeit. Was nun? Immer wenn es ernst wird, dieselbe Frage: Was nun? Was tun? »Nichts macht so müde wie das, was man nicht tut«, hat einmal ein kluger Mensch gesagt, und so habe ich angefangen, Menschen zu fragen, was Demokratie für sie bedeutet, wie sie Demokratie wahrnehmen und wie sie leben in ihr.

Wie geht es Ihnen in der Demokratie, habe ich gefragt. Sind Sie sich Ihrer Privilegien bewusst und der Verpflichtungen? Demokratie funktioniert bekanntlich nur durch Teilhabe des Volkes – wo nehmen Sie teil, wann wissen Sie, dass Sie ein Staatsbürger sind und mit welchen Konsequenzen?

Ich wollte wissen, ob sich die großen Worte und Werte eines demokratischen Staates mit privater Lebendigkeit füllen lassen, wie die Demokratie lebt im Bewusstsein der Menschen.

»Der Mensch, der einzelne Mensch«, schreibt Swetlana Alexijewitsch in ihrem großartigen Buch »Secondhand-Zeit«, »hat mich schon immer fasziniert. Denn im Grunde passiert alles dort.«

Ich schickte meine Fragen hinaus. Mal schriftlich, mal mündlich, ohne System und ohne Anspruch auf repräsentative Gültigkeit.

Keine leichte Frage, sagen oder schreiben mir viele, lassen Sie mich nachdenken. Demokratie ist eine Staatsform, erklären sie, mein Alltag ist privat.

Karen Peill, 87, belesene Hausfrau und Mutter von vielen leiblichen und adoptierten Kindern, ist »ganz überrascht, wie wenig mir einfällt. Ich finde es schwierig, die beiden Ebenen zu verbinden. Mein lebendiges Material in meinem Leben ist die eine Ebene und die Demokratie die andere.«

Helmut Sordon, 75, Fleischermeister, sinnt der Frage beim gemeinsamen Rotwein nach. »Wenn man einfach so dahinlebt«, sagt er, »dann ist das eine schwierige Frage, wo die Demokratie in den Alltag eingegangen und wo sie verschwunden ist. Sie ist so selbstverständlich. Vielleicht müsste Schlimmes passieren, damit man sie wieder bemerkt.«

Vielleicht müssten wir auch nur »das Schlimme« beizeiten erkennen und die Bestie erlegen, bevor sie uns zu verschlingen droht. Demokratiemüdigkeit und eine gefährliche Lust am starken Mann, ja an der Autokratie, wie sie sich nicht nur in der Trump-Wahl, sondern in diesem

Jahr auch bei der türkischen Volksbefragung zu Erdoğans Präsidialverfassung offenbarten. Bei uns sitzen Demokratiefeinde in vielen Landesparlamenten. Das ist schlimm. Worauf warten wir noch, um uns zu wehren, Teil zu werden der so viel beschworenen »wehrhaften Demokratie«.

»Der Staat«, schreibt der englische Soziologe und Ethnologe Daniel Miller, »funktioniert derart reibungslos, dass man ihn nicht mehr bemerkt ... ›Die Politik‹ ist nicht mehr der Ort bürgerlichen Engagements, sondern nur noch der Sündenbock für alles, was uns nicht in den Kram passt.«

Die Macht der Gewohnheit hat träge gemacht. Eine wohl natürliche Reaktion. Abwehr erfolgt auf einen Angriff. Vorher wird gejagt und gehortet, das Nest gebaut, der Winterspeck angelegt.

»Für mich war Demokratie immer selbstverständliche Normalität«, sagt Leonie von Watzdorf, 45, »in diesem (Nicht)-Bewusstsein bin ich aufgewachsen. Erschreckend lange hat sich dieses Bild in mir gehalten. Eigentlich bis zum Brexit-Referendum, dem Novemberschock (Trump) und dem brutalen Vorgehen Erdoğans.« Als sie am Ende dieses aufrüttelnden Jahres 2016 einen Nachruf auf die große alte Dame der Demokratie Hildegard Hamm-Brücher liest, begreift sie auf einmal »ganz körperlich, dass Demokratie ein fragiles Gewebe ist und keine Gewissheit«.

Die Mutter von vier Söhnen gehört zu denen, die gerade aufwachen. »Wach ist man ja immer dann«, sagt sie, »wenn es eine Dissonanz gibt. Einen Mangel. Das ist es doch, was einen weitertreibt. Und nun ist die Weltlage mehr denn je in einer Dissonanz.«

Find your inner political animal – im Moment der Bedrohung entflammt bei ehemals politisch Dämmernden eine neue Wachheit. Junge Leute gründen Bürgerbewegungen, entdecken sich als Staatsbürger. Wie Leonie von Watzdorf. »Ich habe Verantwortung«, stellt sie fest, und es setzt sich eine kleine Entschlossenheit in ihr Gesicht. Wach sein, wahrnehmen, wissen, handeln – nun muss die neue Einsicht »nur« noch umgesetzt werden.

Tülin Duman, 39, musste nicht aufwachen. Sie ist immer schon wach gewesen. »Das hat mit meiner Herkunft zu tun«, sagt sie, »türkeistämmig mit Arabisch sprechenden Eltern.« Sie hat in der Türkei gelebt, lebt jetzt in Deutschland und hat noch nie irgendwo ganz dazugehört – und gewiss noch nie im Lehnstuhl der Bequemlichkeit gedöst. Tülin Duman ist eine streitbare Feministin und Menschenrechtsaktivistin. Mehrfach ist sie in der Türkei schon inhaftiert gewesen. Einmal hat ein Polizist ihr fast ein Auge ausgeschlagen. »Viele Frauen«, sagt sie, »wurden bei Festnahmen oder in Gefängnissen von Staatsbeamten vergewaltigt. TransPersonen haben die schlimmsten Foltergeschichten.« Sie reagiert empfindlich auf Ausgrenzung und organisiert als Geschäftsführerin einer Berliner Kneipe überaus schräge Shows für genau jene, die von manchen braven Bürgern mit bösem Butzenscheibenblick beäugt werden. Auf dem Programm stehen »The Miss Nipple Show«, der »Zickenclub« oder das »Queer HipHop Konzert« neben kurdischen Jugendkonzerten und literarischen Lesungen –

und es gibt jeden Dienstag um 13 Uhr den »Hartzer Roller«, das »mobile Sozialberatungs-Angebot für Hartz-IV-Empfänger«.

Abgefahrene Bühnenspiele und Alltagshilfe, Frühstück und Biergarten, wilde Partys und soziales Engagement existieren hier friedlich nebeneinander. Wenn Demokratie Vielfalt bedeutet, dann hat sie im »Südblock« am Kottbusser Tor in Berlin-Kreuzberg ein polymorphes und lebendiges Zuhause. »Hier sollen Menschen sein können, wie sie sind«, sagt Tülin Duman. Sagt es so lächelnd wie bestimmt. »Schauen Sie mal«, sagt sie, »dort im Raucherraum sitzen Fatima und Helga, Else und Aylin. Die haben sich hier kennengelernt. Und reden miteinander. Wir sind eben auch ein Nachbarschaftstreff. Und jeder soll sagen können, was er denkt.«

»Meinungsfreiheit?«, fragt Jolanda Gerstner, 30, Krankengymnastin, »die gibt es doch nicht wirklich. Wenn ich was gegen die Flüchtlingspolitik sage, werde ich sofort in eine Schublade gesteckt.«

Aber nur dahin, sage ich, und nicht ins Gefängnis.

In einer Infratest-Umfrage gaben 64 Prozent der Erwachsenen an, dass sie Kindern und Jugendlichen zutrauen, die Demokratie in der Zukunft zu verteidigen. Gleichzeitig allerdings wird der Gesellschaftskunde-Unterricht an Schulen immer häufiger reduziert zugunsten von Informatik, Naturwissenschaft oder Technik oder einem Masterprogramm »Strategic Sales Management«. Damit die jungen Leute besser vorbereitet seien für den Arbeitsmarkt, heißt es dann. Nur: Auch für die Demokratie muss man vorbereitet sein. Denn Demokratie ist kein Zustand, sondern ein Prozess. Man *kann* sie nicht nur lernen, Demokratie *muss* man lernen.

»Hinführung zur Demokratie ist immer auch Hinführung zur Komplexität«, sagt Sylke Tempel, 53, Chefredakteurin der Zeitschrift »Internationale Politik«. Sie sagt den Satz erstaunlich gelassen angesichts von Populisten, die meinen, auf die immer komplexer werdende Welt einfache Antworten haben zu dürfen, und von Wählern, die diesen einfachen Antworten gnadenlos glauben wollen. »Der Reflexionsprozess ist wichtig«, sagt sie, »die Demokratie ist kein Billy-Regal, das man einmal zusammenschraubt, an die Wand stellt und das war's. In einer Demokratie gibt es einen inneren Zusammenhalt von Unverhandelbarem. Einen Wertekanon. Das sind keine absoluten Wahrheiten, nur relative. Wir müssen die Paradoxien hinkriegen. Es gibt keine perfekte Lösung, immer nur eine Annäherung ans Ziel. Mehr schaffen wir nicht.«

Sylke Tempel ist eine erhellende Stimme in der politischen Debatte. Eine Frau, die scharfsinnig denkt und unkompliziert spricht. Demokratie im Alltag? – »Merkt man doch immer«, sagt sie. »Wenn ich über eine rote Ampel radle, weil die Straße gesperrt ist und keiner kommen kann, und ich zweihundert Meter später von der Fahrradpolizei angehalten werde, dann weiß ich genau, die können nicht alles machen mit mir, und wenn sie's versuchen, könnte ich Einspruch erheben. Diese Verlässlichkeit ist ein hohes Gut.«

»Leider«, sagt Lorraine Daston, 66, Amerikanerin und Direktorin des Max-Planck-Instituts für Wissenschaftsgeschichte, »hat man ja das Recht zu wählen abgekoppelt von der Pflicht, sich zu informieren. Und ohne den informierten Bürger funktioniert keine Demokratie.«

Und ohne Verantwortung auch nicht. Sie hat sich nach langen Jahren hier einbürgern lassen, um wählen zu können. »Und ich werde mich gut vorbereiten.«

Natalya Posukhova, 30, Illustratorin, mit zwölf aus der Ukraine nach Deutschland gekommen, sagt: »Für mich bedeutet Demokratie, meinen ukrainischen Pass auf der Post vorlegen zu können, ohne Furcht zu empfinden.«

»Falsch«, sagt Peter Raue, 76, Anwalt in Berlin. »Das ist nicht Demokratie, das ist der Rechtsstaat.«

Ein Widerspruch?

»Nicht identisch«, sagt Raue.

Zwar heißt es in der Zeitschrift »Politik und Unterricht«: »Es gibt keine Demokratie ohne Rechtsstaat und keinen Rechtsstaat ohne Demokratie.« Aber Juristen sind genauer: Die Demokratie sei (theoretisch) keine unbedingte Voraussetzung für den Rechtsstaat, der Rechtsstaat allerdings unbedingte Voraussetzung für die Demokratie.

Demokratie, Rechtsstaat, Meinungsfreiheit, Gemeinsinn – hin und wieder gibt es eine schöne und anregende Distinktionsverwirrung.

»Demokratie ist eine Staatsform und keine Gesellschaftsform«, so Peter Raue. Allerdings erziehe sie zu einem gesellschaftlichen Verhalten, das Toleranz und Gemeinsinn fördere. Im Gegensatz zu Diktaturen. Denn, so sagt es Sylke Tempel: »Erzwungene Gemeinschaftlichkeit tötet Gemeinsinn.«

Peter Lilienthal, 88, Regisseur und Drehbuchautor,

1929 in Berlin geboren und 1939 mit seiner Mutter gerade noch rechtzeitig aus dem nationalsozialistischen Deutschland nach Uruguay entflohen, erklärt: »Ich entscheide mich für einen politischen und ethischen Appell (auch eine politische Kategorie): Den anderen nicht zu demütigen! Daraus erwächst unsere Verteidigung der Armen und Verfolgten.«

Demokratie ist kein politisches Paradies, wahrlich nicht. Aber es blüht mannigfaltig in ihr. Und jedes Gedeihen braucht Pflege.

»Leben wie ein Baum, einzeln und frei
und brüderlich wie ein Wald,
das ist unsere Sehnsucht«,
schrieb der türkische Dichter Nâzım Hikmet.

»Dear democracy« heißt ein Workshop für Literaturstudenten an der Universität von Toronto. Eine schöne Idee, einen Liebesbrief zu schreiben an die Demokratie, die unsichtbare Schöne mit Fantasie zu besingen, Haltung, Respekt und Menschenwürde zu preisen.

»We only become citizens by being citizens«, sagt Lorraine Daston. Man kann nur Staatsbürger werden, indem man sich als Staatsbürger verhält.

4 Evelyn Roll
SPIELVERDERBER

Tipps für den Umgang mit Demokratieverächtern

Was aber ist mit denen, die Demokratie nicht lieben?

Kurz vor seiner Wahl zum Präsidenten der Vereinigten Staaten von Amerika sagte Donald Trump: »Ich könnte mitten auf der Fifth Avenue in New York jemanden erschießen, und ich würde keinen einzigen Wähler verlieren. Es ist einfach unglaublich.«

Amerikanische Psychologen haben in den ersten hundert Tagen der Ära Trump eine interessante Debatte darüber geführt, ob es ethisch legitim ist, einem gewählten Präsidenten der Vereinigten Staaten Ferndiagnosen zu stellen. Sie fanden schließlich gute Präzedenzfälle und Gerichtsurteile dafür, dass sie das nicht nur tun dürfen, sondern sogar müssen. Der medizinische Eid verpflichte sie dazu, wenn es um die nationale Sicherheit geht. Also haben sie Diagnosen publiziert, die man wie Lehrbücher zum Thema Selbstwertstörungen bei autokratischen Persönlichkeiten lesen kann, oder auch als Materialsammlung für ein Impeachment. Der mächtigste Mann der Welt, gewählter Präsident der Vereinigten Staaten von Amerika, Befehlshaber der US-Army und Herr über den Atomkoffer, ist demnach ein »Psychopath«, »Borderliner« und »pathologischer Narziss«. Sie attestieren Donald Trump in diesen Texten praktisch alles, was zum Vollbild des autoritären Willkürmenschen gehört: antisoziales Verhalten, Sadismus, Aggressivität, Paranoia, Grandiositätsfantasien sowie fehlende Empathie und Impulskontrolle.

Es ist dann allerdings kein Wagen aus der Psychiatrie zum Weißen Haus gefahren, um den Patienten abzuholen. Und über ein Impeachment-Verfahren wird in Amerika bisher vor allem nur geredet.

Wie können Demokratien sich wehrhaft machen gegen so einen? Wie verhandelt man mit Autokraten, die sich nicht an demokratische Spielregeln halten? Was tun wir in Europa gegen die völkischen Wir-sind-das-Volk-Nationalisten und ihre Anhänger, die private Meinungen und Obsessionen mit den Interessen ihres Landes verwechseln? Wie geht man um mit autoritären Willkürmenschen, die überall auf der Welt lügen und betrügen, Spielregeln brechen, demokratische Institutionen und die freie Presse angreifen und trotzdem ganz nach oben gekommen sind, oder – daraus ergäbe sich dann die wichtigste Frage – vielleicht sogar gerade deswegen?

Die Antworten kommen aus dem Kindergarten. Erzieher und Pädagogen kennen solche Typen sehr genau. Es gibt sie in jeder Kita-Gruppe und in fast jeder Schulklasse: Diese Jungs – manchmal sind es auch Mädchen –, die ohne jede Affektkontrolle immer protzen, prahlen und grimassieren, die andererseits extrem dünnhäutig sind, verlogen, aggressiv, dominant, und das alles zusammen mit einer superkurzen Aufmerksamkeitsspanne. Sie können nur der große Maulheld, Sieger und Anführer sein, oder die anderen sind ganz, ganz böse. Diese Kinder halten sich an keine Regel, mobben, nehmen den anderen die Förmchen weg, sind ständig auf der Suche nach einem Opfer, und wenn man nicht höllisch aufpasst, hauen sie Schwächeren hinterrücks mit der Schaufel auf den Kopf. So dominieren und verunsichern sie schließlich die ganze Gruppe.

Die Psychologen sagen: Autoritäre Willkürmenschen haben in ihren ganz frühen Jahren keinen Halt bekommen, keine Liebe und keine Anerkennung, immer nur Scham, Unsichtbarkeit, Gewalt und Erniedrigung. Sie konnten deswegen keine emotionale Stabilität ausbilden und keine Fähigkeit zur Empathie. Der Motor für alles in ihrem Leben ist deswegen mangelndes Selbstwertgefühl und Angst. Und das ist ein starker Motor: Es geht ihnen immer nur um Macht und um Machtsicherung. Sie kennen nur Unterworfene und Fans, oder Feinde und zukünftige Opfer.

Der Kindergärtnerin helfen diese Erklärungen aus dem frühkindlichen Elend wenig. Die will wissen: Wie geht man um mit solchen Regelbrechern und Spielverderbern? Und wie beschützt man den Rest der Gruppe vor ihnen? In der Ausbildung hat sie gelernt, dass man versuchen muss, diese Kinder sicher zu machen, ihnen Halt zu geben und sie zu beruhigen. In der Beruhigung kann man dann versuchen, Realitätswahrnehmung einzubauen, Regeln und Sachverhalte, die man oft zehn Mal hintereinander wiederholen muss, bis sie dann doch wirken, etwa: Das geht in diesem Kindergarten nicht.

Erste Übergriffe dürfen nicht gleich mit Höchststrafe beantwortet werden, psychopädagogische Sofortmaßnahmen berühren diese Kinder wenig, sie haben gar keine Anschlussstelle für soziale Situationen. Man muss verstehen, dass diese Kinder »Du Arschgesicht« sagen, weil sie sich dann stärker fühlen und den anderen das beweisen müssen. Wenn so ein Kind ausrastet und rast, kann man es auch mal eine Weile rasen lassen. Es wird sich wieder beruhigen, wenn es lange genug gebrüllt und sich auf dem Fußboden herumgewälzt hat.

Nur die Grenzen müssen ganz klar sein. Appeasement bringt gar nichts. Leere Drohungen auch nichts. Jedes Machtvakuum wird sofort genutzt. Ganz klar sein muss: Der Junge, der immer wieder den anderen die Förmchen wegnimmt, wird den Sandkasten verlassen müssen, und wenn er anderen mit der Schaufel die Köpfe blutig schlägt, schließlich auch den Kindergarten.

Man nennt das Pädagogik, alte Schule. Man braucht dazu Klugheit, Erfahrung, Rationalität, Besonnenheit und Ausdauer, aber auch Uneitelkeit und Disziplin, um von sich selbst abzusehen, damit eigene Verletzungen und Emotionen keine Rolle spielen.

Interessanterweise geben Diplomaten und auch Berater der deutschen Bundeskanzlerin, wenn man sie zum Umgang mit den alten und neuen Autokraten befragt, sehr ähnliche Antworten: Man müsse versuchen, so ein Gegenüber zu beruhigen. Man muss ihn sicher machen, ihm Zeit und Halt geben, viel telefonieren, viele Kontaktstellen einbauen im System. Es spricht nichts gegen, sondern alles für Reisen zu Autokraten. Im Fall von Nepotismus kann es durchaus klug sein, die Tochter zu umgarnen und einzuladen, um ihr Vertrauen zu sichern und auch ihre Handy-Nummer für alle Fälle. Wie man überhaupt umschalten muss von den wertegestützten Prinzipien und moralischen Urteilen fein austarierter Demokratien auf rein strategisches Interessenskalkül.

Sie haben das ja alles schon geübt, an Putin und anderen, als Erdoğan noch den Demokraten und ernsthaften EU-Bewerber gab und Trump nur ein größenwahnsinniger TV-Showmaster aus dem Immobiliengeschäft war. Wie man Gespräche in Win-win-Sprache organisiert: Was bedeutet das für dich und für mich. Was bedeutet das für dein Land, was für meines. Wie man kleine Sticheleien sportlich nimmt, Unfaires und verbale Eskalationen abperlen lässt. Manches »Scheiß auf Deine EU« und »Ihr seid Nazis« wird ja nur gesagt, um den eigenen Anhängern etwas zu beweisen. Wenn so einer ausrastet und rast, kann man ihn auch mal rasen lassen. Er wird sich hoffentlich wieder beruhigen, wenn er erst oft genug Nazi gesagt und sein Präsidialsystem schließlich bekommen hat.

Schon der erste Übergriff aber muss als Regelbruch sachlich eingeordnet werden mit dem klaren Verweis darauf, dass das System EU oder NATO weitere Verstöße nicht hinnehmen wird. Man kann das Völkerrecht erklären, zur Not zehn Mal, kann sagen: Wenn du tatsächlich die Krim annektierst und die Ostukraine destabilisierst, sieht unser System Wirtschaftssanktionen vor, das weißt du ja, dann fliegst du raus aus unserem Sandkasten. Und falls du darüber hinaus auf die Idee kommen solltest, Estland zu bedrohen, tritt der Bündnisfall ein. Ja, klar ist das Waffengeklirr. Manchmal geht es nicht ohne.

In beruhigten Gesprächen kann man versuchen, Realitätswahrnehmung einzubauen, Regeln und Sachverhalte. Schau doch mal, Donald, bevor du wilde Handelsschranken gegen deutsche Autos verhängst: Die größte BMW-Fabrik steht in deinem Land in Spartanburg. Das sind 8 000 Jobs. Achttausend amerikanische Arbeitnehmer, die 1400 Fahrzeuge täglich bauen.

Und vielleicht muss man tatsächlich bei der ersten Begegnung elf Mal den gleichen Satz sagen: Nein, die deutsche Bundeskanzlerin kann kein bilaterales Handelsabkommen mit dem amerikanischen Präsidenten vereinbaren; so ein Handelsabkommen gibt es nur mit der Europäischen Union. Beim elften Mal, das haben amerikanische Diplomaten nach Angela Merkels Besuch in Washington ausgeplaudert, hat der amerikanische Präsident schließlich geantwortet: Okay, dann werden wir einen Vertrag mit Europa abschließen.

So geht es. Man nennt das Diplomatie, alte Schule. Man braucht dazu Klugheit, Erfahrung, Rationalität, Besonnenheit und Ausdauer, aber auch Uneitelkeit und Disziplin, um von sich selbst abzusehen, damit eigene Verletzungen und Emotionen keine Rolle spielen.

Jeder kann das lernen und sich ein wenig abgucken aus dem Kindergarten oder aus der großen Politik. Es funktioniert tatsächlich genau so auch auf Facebook, Twitter oder im Real Life bei Auseinandersetzungen mit völkischen Nationalisten, mit Ich-bin-das-Volk-Typen und ihren Anhängern, mit Pegida-Demonstranten und AfD-Provokateuren. Man muss sie dazu nicht einmal zu Psychopathen und Willkürmenschen deklarieren.

Also erst mal nicht zurückpöbeln. Im Gegenteil: Den anderen sicher machen. Genau zuhören und die Position des Gegenübers akkurat wiedergeben. Respekt zeigen. Sicherheit vermitteln. Strukturen einziehen. Einräumen, dass man versteht, warum der andere an seiner Meinung festhält. In der Sicherheit kann man dann Sachargumente liefern. Man kann die Sachargumente wiederholen, elf Mal hintereinander, wenn es sein muss und man die Nerven dafür hat. Mit Angst und kognitiver Dissonanz rechnen. Menschen, die mit Tatsachen konfrontiert werden, die ihre Überzeugungen und ihre Glaubenssicherheit infrage stellen, halten umso verzweifelter an diesem Glauben fest. Also kann man versuchen, klarzumachen, dass die Verständigung auf Fakten nicht bedeutet, dass der andere sein Weltbild aufgeben muss.

Selber keine Emotionen haben, jedenfalls nicht zeigen. Natürlich ist das schwer, wenn jemand Rassistisches, Fremdenfeindliches, Homophobes, Frauenverachtendes, Erfundenes oder auch nur Nicht-zu-Ende-Gedachtes aufsagt. Trotzdem: Diskutieren, nicht attackieren.

Was Kindergärtnerinnen und die deutsche Bundeskanzlerin besonders gut können, ist: Provokationen leerlaufen lassen. Provokation heißt ja wörtlich hervorrufen. Wenn eine Provokation nichts hervorruft, ist sie keine mehr. Sagt also einer: »Sie arroganter, politisch korrekter Gutmensch«, kann man ruhig zurückfragen: »Warum genau sagen Sie das? Um was geht es Ihnen?«

Sich selbst entlarvendes dummes Zeug sollte man auch mal stehen lassen und nicht durch Dagegenargumentieren aufwerten. Manchmal ist Schweigen auch das

Gegenteil von Zustimmung. Öfter mal einfach mit den Schultern zucken, wenn jemand rast und tobt. Das geht im Kindergarten. Das geht in der Diplomatie. Und das geht auch im Netz, vielleicht sollte man sich den Shruggie als Kurzbefehl auf eine Taste legen, geht so: ¯_(ツ)_/¯.

Wenn aber jemand Rassistisches, Fremdenfeindliches, Homophobes, Frauenverachtendes, Erfundenes oder auch nur Nicht-zu-Ende-Gedachtes aufsagt, wenn Schweigen als Zustimmung interpretiert werden könnte, muss man widersprechen, ruhig und sachlich. Das ist immer mühsam, funktioniert aber, wenn man ein wenig übt, mit einfachen Satzbausteinen. Macht sogar Spaß.

Eine Frage zum Beispiel hilft fast immer, eine scheinbar kindliche Frage. Sie zieht stabilisierende Strukturen ein und entlarvt sogar geschulte Populisten oder Groß-Philosophen, die versuchen, völkisch Rechtsradikales intellektuell zu legitimieren. Die Frage heißt: Und dann?

Wir müssen raus aus der EU.

Und dann? Was wird dein kleiner, isolierter Nationalstaat alleine ausrichten können gegen Islamisten-Terror, gegen Klimawandel, gegen Epidemien und gegen globale Geldströme?

Egal. Ohne die Bürokraten in Brüssel kriegen wir das besser hin.

Und dann? Wird der Verzicht auf Bündnis- und Weltpolitik das Land vor den Folgen der Weltpolitik schützen?

Die Denkfiguren aus dem Setzkasten der Angstmacher, Verschwörungstheoretiker, Ausgrenzer und Zersetzungspropagandisten müssen und können überall dekonstruiert werden. Ruhig, unemotional und sachlich:

Warum sagst du das? Kannst du das belegen? Und dann? Um was geht es dir eigentlich?

Eines aber muss in Internet-Foren und im wirklichen Leben wie im Sandkasten funktionieren: Grenzen und Regeln müssen klar, eindeutig und unverrückbar sein. Man kann sie gerne immer wieder erklären, kann sagen: Wenn Sie weiter so mit mir reden, ist diese Debatte beendet. Wer sich an keine Spielregeln hält, wer pöbelt oder gewalttätig wird, fliegt raus. Und noch wichtiger ist: Grobe Verleumdungen, schwere Beleidigungen, Aufrufe zu Gewalt und alle anderen Straftaten müssen angezeigt werden.

Und jetzt aber endlich zur wichtigsten Frage, der Frage, die viel zu oft nicht gestellt und noch seltener beantwortet wird: Wenn es diese Regelbrecher in jeder Kita-Gruppe auf der Welt gibt und immer schon gegeben hat, warum kommen sie ausgerechnet jetzt überall ganz nach oben?

Was sagt es über den Zustand eines Systems, wenn es sich einem totalitären Willkürmenschen unterwirft oder ihn in demokratischen Wahlen freiwillig zu seinem Anführer macht? Wie konnte es im zweiten Jahrzehnt des neuen Jahrhunderts zum Aufstieg von autokratischen Charakteren und Bewegungen auch in den scheinbar stabilen Demokratien der westlichen Welt kommen?

Die Antwort auch auf diese Frage kommt aus der Psychologie, und sie ist hochpolitisch: Wenn eine Gruppe nicht sicher ist, wenn sie von Ungerechtigkeit und Abstieg bedroht ist, dann wächst die Macht solcher Typen. Vielleicht haben die Jahre der neoliberalen Ausbeutung und das skandalöse Auseinanderdriften von Arm und Reich das Vertrauen in das System Demokratie schon zu sehr marodiert. Wie verunsichernd wirken die XXL-Bonustüten für Regelbrecher, für die Verantwortlichen der Finanzkrise, für Manager, die grobe Fehler gemacht haben oder mehrere Tausend Angestellte entlassen mussten? Wenn die Sozialbindung des Eigentums nur noch im Grundgesetz steht, wenn Politik verschleiert, dass sie längst das Kapital gegen den Menschen verteidigt und nicht umgekehrt, wenn Politiker »Willkommenskultur« sagen und die brutale Realität der Migration nur an die europäische Außengrenze verlagern, wenn sie zulassen, dass die fünfhundert größten Privatkonzerne 52,8 Prozent des Weltbruttosozialprodukts kontrollieren, wenn die südlichen Länder der »Europäischen Einheit« sich als Schuldenkolonien der deutschen Wirtschaft fühlen, dann sind zu viele im System nicht mehr sicher. Dann spüren sie, »hier läuft was schief«, es gelten gar nicht für alle die gleichen Regeln. Dann wird es gefährlich für die schöne Demokratie. Dann haben die Spielverderber schon übernommen.

5

Evelyn Roll

DIE ERDE IST EINE SCHEIBE

Wenn Fakten nichts mehr zählen, bricht die Demokratie zusammen

Zwei Schlachten waren schon verloren, als die Angegriffenen verstanden, dass Krieg ist. Die einst als Instrumente der Basisdemokratie bejubelten »sozialen Medien« hatten sich – weil der Mensch ist, wie der Mensch ist – in asoziale Medien verwandelt. Dann waren sie zu Waffen geworden im teuflischen Zusammenspiel der neuen Nationalisten mit den Zersetzungsstrategien des Ex-KGB-Mannes Wladimir Putin und den Hetzredakteuren von »Daily Mail«, »Sun« und »Fox News«. Scheinbar stabile Demokratien waren schon sturmreif geschossen in diesem Informations- und Cyberkrieg, als nach dem Brexit und mit der Trump-Wahl endlich alle aufwachten.

Eine Lüge ist eine Lüge ist eine Lüge? Das war plötzlich vorbei. Wenige Jahre vorher wären Boris Johnson oder Donald Trump politisch tote Männer gewesen. In Demokratien galt die Regel: Wer lügt und dabei erwischt wird, geht. Jetzt konnte man mit nichts als Lügen Brexit-Superstar werden und britischer Außenminister, oder sogar Präsident der Vereinigten Staaten von Amerika.

Viele Menschen, auch in Europa, wussten bis zur Trump-Wahl gar nicht, dass der Chefredakteur ihrer Nachrichten-Welt im Netz ein Algorithmus ist. Eine Rechenoperation also, mit der die zu den bisherigen Klick-Aktionen eines Nutzers jeweils passgenaue und für die Werbebranche deswegen lukrative Realität ausgewählt wird. Je mehr man sich für etwas interessiert, desto länger kann sich jeder durch seine eigene geschlossene Abteilung des Internets klicken, ohne von so störenden Sachen wie Realität oder Gegenargumenten irritiert zu werden.

Wer sich einen halben Tag durch die Videos und »wissenschaftlichen Beweise« klickt für die im Netz weitverbreitete These, dass die Erde eine Scheibe ist, bekommt tagelang nur noch so ein Zeug.

Man nannte das Phänomen bald Filterblase, aber davon wurde nichts besser.

Üblerweise passen die von Algorithmen kuratierten Filterblasen perfekt zu einem Mechanismus des menschlichen Gehirns, den Psychologen und Neurowissenschaftler »motivated reasoning« nennen: Unser Gehirn ist immer auf der Suche nach Belegen für die eigene Weltsicht, weil solche Belege das Belohnungszentrum mit angenehmen Stoffen fluten. Das funktioniert wie Zucker.

Auf dem Höhepunkt dieser Entwicklung, das war im Jahr 2016, gelangte die Mehrheit der Amerikaner, und immer mehr Menschen auch in Europa, zu dem, was sie für Nachrichten hielten, nur noch über die Zugänge der globalen Monopolisten Facebook oder Google, den mächtigsten Nachrichten-Publishern in der Geschichte der Menschheit, die ihre Algorithmen für nichts als den Profit aufsetzen und ständig feinjustieren. Dabei unterschieden sie nicht zwischen Propaganda und Nachricht, zwischen

Falschmeldung und Realität, weil sie gerade auch mit den Fakes so irrsinnig viel Geld verdienen. So hatten sie eine dysfunktionale, sozial destruktive Nachrichtenwelt geschaffen, die außerdem auch noch vollkommen ungeschützt war gegen Cyber-Angriffe und gezieltes Fluten mit Falschinformationen in Wahlkämpfen. Roboter-Accounts und geheimdienstlich motivierte russische Trolls dichteten diese Filterblasen immer weiter vor der Realität ab. Sie wurden unterstützt von mazedonischen und amerikanischen Klick-Farmern, denen es nur um Geld ging. Fox-News-Konsumenten ohne Zeitungs-Abo waren schließlich deswegen – und sind es ja bis heute – ganz sicher, dass Hillary Clinton viele Männer von Prostituierten umbringen ließ und dass Donald Trump ihnen niemals die Unwahrheit sagen würde, so wie das »Establishment« und dessen »Lügenpresse« es unentwegt tun. Sie glauben, nein wissen, dass der Klimawandel nichts als eine üble Erfindung ist, die Evolution sowieso. Und demnächst ist die Erde dann tatsächlich eine Scheibe.

Es geht beim Erfinden von, wie man jetzt in Amerika sagt, alternativer Realität gar nicht wirklich oder immer darum, eine Lüge als Wahrheit zu etablieren. Es geht um moralische Erosion, um Zersetzung, darum, Verwirrung zu erzeugen und Misstrauen in die demokratischen Institutionen und in Qualitätsmedien. Der Konsens und die von allen geteilte Realität sollen immer kleiner werden. Nur dann halten sich kleinste Gruppen für die Mehrheit, werden radikalisiert, haben furchtbare Angst und brüllen: »Wir sind die Bewegung« oder sogar: »Wir sind das Volk!«

Was in diese Phase der Unsicherheit und Nichtreglementierung hinein dann leider viel zu gut funktioniert hat bis zum Brexit und zur Trump-Wahl, war eigentlich nur die neue Variante eines lächerlich einfachen alten Plans, der – Lügenpresse ist ja ein altes Wort – auch in Deutschland schon zweimal funktioniert hat: Neue Propaganda- und Gefühls-Medien werden zu Pseudojournalismus aufgeblasen, der ansagt, was »das Volk« angeblich will. Die unabhängigen, freien Medien, ohne die Demokratie nicht funktionieren kann, werden verunglimpft und schlechtgeredet, aber zugleich noch eine Weile ausgenutzt von den zukünftigen Autokraten für kalkulierte Provokationsgewinne.

Das geht so: Ich lüge, behaupte Erfundenes oder breche ein Tabu – das war ja noch nie so einfach wie heute mit einem gut überlegten Satz auf Twitter –, und schon bekomme ich Schlagzeilen und Sendezeit in den richtigen Medien.

Trump twitterte gerne um drei Uhr nachts. Viele, die noch nicht verstanden hatten, was passiert, mokierten sich: Kann der Mann nicht schlafen? Nein, er wollte nicht schlafen. Er wusste genau, was er tat. Nur so kam er jeden Tag in die Morgennachrichten von CNN, von dem Sender also, den er gleichzeitig als »dishonest« angriff.

Wer immerzu und zur richtigen Zeit Tabus bricht oder lügt, ist, solange Journalisten dieses Spiel wie Marionetten mitspielen, andauernd auf Sendung, ohne Werbeminuten bezahlen zu müssen. Die »New York Times« hat ausgerechnet, dass Trump mit dieser Methode Sendezeit im Wert von zwei Milliarden Dollar gratis bekommen hat.

Die AfD in Deutschland kann das noch nicht ganz so perfekt wie Donald Trump, aber sie üben ja auch noch.

Wenn Fakten nichts mehr zählen, bricht das beste demokratische System zusammen. Es kann nicht existieren, ohne dass die pluralistische Öffentlichkeit sich über Argumente verständigt auf der Basis von Tatsachen, die alle als richtig und wahr anerkennen. Indifferenz über die Unterscheidung zwischen Wahrheit und Lüge ist die Voraussetzung für autoritäre Staatssysteme. Wenn nichts mehr wahr ist, kann Macht nicht mehr kontrolliert werden.

Das war und ist also ein hochgefährlicher Moment in der Geschichte der Demokratie. Bei jeder großen technischen Revolution in der Weltgeschichte gab es solche Momente: diese Phase, in der das Denken und die regulierende Politik so erschütternd viel langsamer sind als die neuen, technischen Möglichkeiten.

Wenn jetzt zum Beispiel plötzlich alle diese kleinen Drohnen kaufen, wird eine Weile heilloses Chaos sein am Himmel und vor privaten Fensterscheiben. So lange, bis die Gesellschaft und also die Politik verstanden hat, dass die Regeln der Luftfahrt auch auf Drohnen angewandt werden müssen und die Gesetze zum Schutz von Privatsphäre erst recht. Ganz egal, was der Monopolist, der in diesem Gedankenspiel alle Drohnen der Welt herstellen würde, dazu sagt.

Facebook und Google haben schon viel zu lange behauptet: Wir können nichts machen. Wir sind gar keine Medienkonzerne. Wir sind nur eine Plattform, eine Art Schwarzes Brett. Wir greifen zwar gerne zwei Drittel des Werbemarktes der Welt ab – und, stimmt, dadurch entziehen wir natürlich auch dem professionellen Journalismus seine Finanzierungsgrundlage. Aber wir kuratieren unsere Inhalte nun einmal nicht. Das tun unsere Algorithmen. Verantwortlich im Sinne des Presserechts ist bei uns: Niemand. Wir können aber unseren Nutzern gerne Hinweistafeln einblenden, wie man Fakes selbstständig entlarvt. Und wir veröffentlichen auch, wenn Journalisten, die von anderen bezahlt werden, Fehler aufgedeckt haben.

Das ist, als hätten Verleger im Print-Zeitalter gesagt: Mir gehören doch nur die Druckerei, das Papier, die Redaktionsräume und der Profit. Für den Inhalt bin ich gar nicht verantwortlich. Wir können aber gerne der Zeitung mal einen Zettel beilegen mit Tipps für unsere Leser, wie man falsche Meldungen erkennt.

Facebook hat zwei Milliarden aktive Nutzer, das sind mehr als sechs Mal so viel, wie Amerika Einwohner hat. Facebook ist kein Technologiekonzern, sondern das größte Nachrichtenmedium der Welt. Sie verfügen dort auch längst über die Instrumente, mit denen Bots und Fake-Accounts aussortiert, die gröbsten Lügen aufgespürt und in den Algorithmen nach unten gestuft werden könnten. Facebook kann ja auch jede Brustwarze identifizieren und löschen.

Facebook und Google müssen unter das Presserecht fallen. Sie sind »Gatekeeper«, auch wenn sie behaupten, kein Medium zu sein. Sie verdienen Billionen Dollar mit dem Content von anderen Leuten, wollen aber auf keinen Fall dafür verantwortlich sein, diese Inhalte zu kontrollieren und zu kuratieren. Unfassbar eigentlich, wie lange die Welt sich das gefallen lässt.

Dabei würde es reichen, bestehende Gesetze anzuwenden. Deutschland braucht kein »Abwehrzentrum gegen Desinformation« wie Innenminister Thomas de Maizière leider vorgeschlagen hat, und auch kein »Netzwerk-Durchsetzungsgesetz«, wie es Justizminister Maas in den Wahlkampf werfen wollte. Mit orwellschen Monsterwörtern setzt der Staat sich nur selbst unter Zensurverdacht, anstatt klar und einfach zu sagen: Was in der analogen Welt verboten ist, ist auch in der digitalen Welt verboten.

Weil die Schwächen nationaler Regierungen in der Auseinandersetzung mit globalen Riesen auch an diesem Beispiel überdeutlich geworden sind, muss natürlich europäisches Recht angewandt werden, wahrscheinlich wird man Facebook und Google, aber auch Amazon am Ende unter UN-Aufsicht stellen.

Brexit und die Trump-Wahl waren nicht die ersten Lügenschlachten. Aber sie wirkten, das konnte man spätestens bei der Wahl in Frankreich beobachten, wie ein Schock, wie ein zum Aufbau der Abwehr lehrreicher Schock.

Immer mehr Menschen, Politiker und Journalisten vor allem, verstanden plötzlich: Das postfaktische Zeitalter auszurufen und darüber hinaus nichts weiter zu tun, als lässig mit den Schultern zu zucken, das wäre die Selbstaufgabe. Also wurden Straftaten im Netz viel häufiger angezeigt und auch verfolgt. Also lernten viele, mit den Informationen aus dem Netz neu umzugehen.

Bis zur Trump-Wahl war der 1. April der einzige Tag im Jahr, an dem Zitate und Nachrichten in den sozialen

Netzwerken misstrauisch gecheckt und evaluiert wurden, bevor man sie kommentierte und weiterverbreitete. Jetzt wussten alle: Im Netz ist immer 1. April. Jeder kann Inhalte im Netz mit anderen Nachrichtenportalen abgleichen, kann Impressum und URL prüfen, Fotomanipulationen mittels Rückwärtsschau oder »Verified Pixel«, »Google Reverse Image Search« oder »Tineye« feststellen und Portale wie mimikama.at oder hoaxmap.org nutzen.

Wem das zu aufwendig erscheint, der könnte sich angewöhnen, immer erst einmal ein- und wieder auszuatmen, bevor er etwas teilt oder kommentiert, nur weil die Überschrift so schön in sein Weltbild passt oder weil Teilen sich schon fast so gut anfühlt wie selber ganz gelesen haben.

Jeder hat das Recht auf eine eigene Meinung, aber niemand hat das Recht auf eigene Fakten. Eine Lüge muss wieder eine Lüge genannt werden. Wir brauchen also dringend professionelle Faktenchecker.

Und wir haben sie schon. Faktenchecken ist ein Beruf. Man nennt Leute, die diesen Beruf ausüben, Journalisten. Die besten von ihnen wissen, Fakten müssen nicht nur gecheckt werden, es muss vor einer Veröffentlichung auch über Sinn und Relevanz der Fakten nachgedacht werden. Ein »geleaktes« Dokument ist erst eine Nachricht, wenn klar ist, was genau darin Nachrichtenwert hat und vor allem auch: Von wem wurde es mit welcher Intention ins Netz gestellt.

Es war der erste große Sieg in diesem seltsamen Krieg, als die französischen Qualitätsmedien in der Wahl-Nacht 2017 entschieden: Wir sind nicht eure Marionetten. Wir veröffentlichen diese sogenannten »Macron-Leaks« nicht. Das kalkulierte, politisch motivierte und kurz vor der gesetzlichen Waffenruhe In-die-Welt-Pusten von 9 Gigabyte gestohlenem Material, vermischt mit Fälschungen, ist gar nicht »Whistleblowing«, auch dann nicht, wenn es über Wikileaks kommt. Es ist nichts als der Versuch gezielter Desinformation und Wähler-Manipulation unter einem schicken Hashtag.

Es war eine Rückbesinnung auf die alten Qualitäten und Tugenden des freien Journalismus, eine Art Crashkurs in der Not: Nachrichtliche und kommentierende Formen, Unterhaltung und Ernsthaftes müssen in gefährlichen Zeiten wieder deutlich unterscheidbar gemacht, Quellen sorgfältig benannt werden. »Das Netz sagt« ist das Gegenteil einer Quellenangabe. Überschriften hochmetzen für Klicks ist verboten. Über Lösungen und Sachthemen berichten kann wichtiger sein als immer nur über Probleme und Personen.

Wenn die Qualitätsmedien über jede Unanständigkeit oder Lüge, die im Wahlkampf kalkuliert getwittert werden wird, mit großer Empörung berichten, entsteht genau die unproportionale publizistische Dominanz, die gewollt ist. Es muss über kalkulierte Tabubrüche und Krawall-Parteitage der AfD nicht ausführlicher berichtet werden als über einen guten Gesetzentwurf der Regierung oder die geordnete Programmdiskussion bei den Grünen.

Man kann in diesen Zeiten einen Text durchaus auch mal beginnen mit den drei Wörtern: Das ist falsch. Wenn einer den Klimawandel oder die Evolution leugnet, lügt oder gegen Minderheiten hetzt, darf man darüber nicht nur berichten, sondern muss dazu senden oder schreiben: Das ist eine Erfindung.

Es ist nicht die Aufgabe von Journalismus, zu allem ausgewogen zwei Seiten zu präsentieren. Die Wahrheit liegt nicht immer in der Mitte. Lüge und Wahrheit, Fälschung und Original, Bullshit und Information, Sachaussagen und Beleidigungen dürfen nicht gleich behandelt werden.

Wenn jemand behauptet, die Erde ist eine Scheibe, darf die Schlagzeile eben nicht sein: »Streit über die Form der Erde«. Anne Will muss darüber auch keine Pro-und-Kontra-Sendung machen, egal, was »das Netz« sagt. Über die »Er-sagt-Sie-sagt«-Formate aus dem Fernsehen des letzten Jahrhunderts und ihr Zersetzungspotenzial sollte überhaupt noch einmal ganz neu nachgedacht werden.

Und dann, und natürlich und überhaupt, die Wörter. Ein Politiker, der lügt oder Falsches behauptet, ist kein Populist. Er ist ein Lügner. Rassisten sind keine Populisten, sondern Rassisten. Seehofer ist ein Populist. Die AfD ist keine Populisten-Partei, sondern eine rechtsradikale, nationalistische, rassistische Partei. Es gibt auch keine Altparteien, keine Traditionsmedien, keine liberale Umerziehungselite, keine Homo-Lobby, keine Diktatur der Toleranz, was bitte sollte das alles sein? Vielleicht sollten vor allem Journalistenschüler dringend wieder »LTI« lesen, Victor Klemperers Buch über die Sprache im Dritten Reich.

Und ganz klar muss sein: Wer Journalisten angreift als gewählter Präsident, wer »Lügenpresse« sagt und »alternative Fakten«, der erklärt nicht nur dem Journalismus und dem kritischen Denken den Krieg, sondern der Demokratie. Wer die Pressefreiheit verspottet, Medien als Opposition ansieht, der will einen autoritären Staat. Ohne Journalismus gibt es keine Demokratie. Das Erste, was in einer Diktatur abgeschafft wird, ist Pressefreiheit.

Sogar die Verantwortlichen bei Google und Facebook verstehen langsam. Was geschieht und was zu tun ist. Im französischen Präsidentschaftswahlkampf hat Facebook über 30 000 Fake-Profile freiwillig dichtgemacht. Ende April 2017 hat Facebooks Sicherheitschef Alex Stamos einen Bericht veröffentlicht darüber, wie sich Geheimdienste und andere Interessengruppen mit hohem Aufwand und detailreicher Vorbereitung über Tarnprofile in Wahlkämpfe einmischen. Das klang plötzlich nicht mehr nach: Wir können doch gar nichts machen. Das war schon eher: Wir nehmen das Problem jetzt wirklich ernst, aber es ist größer, als ihr alle denkt.

An Frankreich konnte man im Jahr 2017 dann vor allem eines lernen, eine Demokratie mit funktionierenden, glaubwürdigen Medien ist nicht so leicht einzunehmen. Dort wird die Erde nie eine Scheibe sein. Eine Schlacht war gewonnen. Und es fühlte sich an wie das große Comeback für die Wahrheit, für Journalismus, für aufgeklärte Mediennutzung, und damit auch für die Demokratie.

6 Susanne Mayer
STIMMT GAR NICHT!

Nie war es so leicht, sich so gut, so schnell, so breit zu informieren.

Man kann es beim Frühstück tun. Man kann es zwischendurch tun. Es geht unterwegs, im Bus oder in der Bahn. Im Stau. Wenn man wartet in der Schlange beim Spar oder vor dem Kino, wenn man auf die Freunde wartet, wenn man beim Arzt rumsitzt, wenn man abends erledigt in den Sessel sinkt. Immer und überall sind die Nachrichten der Welt verfügbar. Man kann seine Zeitung auffalten. Es gibt Nachrichten, Analysen, Debatten auf Papier, es gibt sie als gebundene Papierbündel, als Buch. Es gibt sie auf dem Tablet, dem Smartphone, im Fernseher, sie kommen aus dem Radio. Informationen sind um uns herum verfügbar – als Sound, als Video, Grafiken, Tabellen, Information aus aller Welt, über alles in der Welt. Nie war es so einfach, so leicht, sich schnell und vor allem so tief gehend zu informieren, sich in Analysen der Weltlage zu vertiefen oder die Fakten dazu mit einem Fingertipp oder Klick im Internet zu holen, zu überprüfen, etwa die neumodische Behauptung, die Welt sei eine Scheibe.

Zu aufwendig? Na ja. Statistisch gesehen ist jeder Bundesbürger täglich acht Stunden medial unterwegs. Man muss ja nicht die ganze Zeit in der Facebook-Blase verdaddeln. Nicht immer sind die Alltagsmitteilungen der lieben Freunde so spannend wie das Weltgeschehen, die fünfunddreißig Urlaubsfotos vom Strand in Thailand so erstaunlich wie der Bericht über die Ermittlungen des FBI über die Verflechtung der Trump-Regierung mit Russland, sind die Bilder vom Sonnenuntergang über Berlin so beeindruckend wie die große Reportage über das alltägliche Leben der Menschen in Bagdad, wo jeden Tag vier Bomben explodieren. Und das fünfte Welpen-Video? Jetzt echt so süß? Dass es sich lohnt, darüber anderes zu verpassen, etwa den Bericht über die Verschiffung von Kälbern von Irland nach Marokko, von Spanien in den Libanon, wo sie hungrig, durstig, kotverkrustet eintreffen, um geschlachtet zu werden?

Wir sind die Glücklichen, die im wundersamen Zeitalter der Informationsvermehrung leben, in einem globalen Hall-Raum der Fakten, Berichte, Debatten. Wie schön wäre es, wenn wir das auch klug nutzen würden. Es ist ein Geschenk. Für uns, und für die Demokratie. Es macht uns frei, viel zu wissen, zu erfahren, darüber nachzudenken, uns über das, was wir erfahren haben, auszutauschen. Erst so gerüstet ist eine politische Haltung überhaupt möglich. Aber junge Leute nutzen nur zehn Prozent ihrer Zeit für News, und auch dann bevorzugt als »Snacking«, als Kostprobe. Wie schade. Wie will man denn beurteilen, wie es um die Türkei steht, wenn man nicht weiß, was Erdoğan über die Demokratie sagte, nämlich dass sie wie eine Straßenbahn sei, »wenn wir am Ziel sind, springen wir ab«? Oder verstehen, wie es um uns steht, ohne die fabelhafte Dokumentation »Die nervöse Republik« von Stephan Lamby in der ARD gesehen zu haben, der Politikern im Sturm von Medienberichterstattung und Krisen auf der Spur ist?

Um sich schlauer zu machen, etwas über die Welt zu erfahren, die großen Fragen zu verstehen – dazu gab es früher gerade mal ein paar Extrablätter. Informationen waren der Luxus einer kleinen Schicht. Seit der Buchdrucker Johann Carolus sich im September 1605 daranmachte, eine regelmäßig erscheinende Zeitung in seinem Straßburg unter das Volk zu bringen, in den vierhundert Jahren, die seitdem vergangen sind, hat eine erstaunliche Mediengeschichte Fahrt aufgenommen. Allein die Tageszeitungen. Kaum ein Land der Welt hat eine solche Fülle guter Tageszeitungen wie Deutschland. Wem sein lokales Blatt nicht passt, kann auf die überregionalen Qualitätszeitungen ausweichen, die »Süddeutsche Zeitung«, die »Frankfurter Allgemeine Zeitung«, die »Frankfurter Rundschau« die »tageszeitung«. Es gibt Wochenpublikationen wie »Der Spiegel« oder »Die Zeit«, den »Freitag« oder die »Frankfurter Allgemeine Sonntagszeitung«, es gibt Magazine wie »Lettre« mit langen Analysen der Intellektuellen dieser Welt, Kostbarkeiten wie dem Aufsatz über das Ende der Osmanen von der Dichterin Etel Adnan, 93 Jahre alt, aufgewachsen in Beirut, in Paris lebend. Es gibt »Du« für wunderbare Kulturdebatten. Ein Reichtum! Zeitungen müssten eigentlich als World Heritage unter Schutz gestellt werden.

Wenn es die Papierzeitung nicht gäbe, sagte einmal ein Journalist der »New York Times«, müsste man sie erfinden. Man kann sie auseinanderzauseln und in Portionen genießen. Man kann die Seiten mit dem Kuli bearbeiten, rausreißen, an Freunde verteilen oder abheften, archivieren, für späteren Gebrauch. Man kann Zeitungen mit den Nachbarn teilen. Man kann sie aber auch auf dem Tablet lesen oder auf dem Smartphone. App runterladen, Tipp und Tapp, da sind sie. Die neuesten Meldungen. Die Analysen dazu. Die Querverweise auf andere, vorherige Artikel zum Thema. Tipp und weiter, schon fliegen die Links über Mails zu Freunden!

Tatsächlich hat die ETH Library in Zürich das kleine Kulturmagazin »Du«, Auflage 15 000 Stück, als »erhaltenswertes Kulturgut« anerkannt. Das ist eine gute Nachricht. Die schlechte ist, dass Zeitungen in Gefahr sind. Es fehlt ihnen nicht nur an Anzeigen, weil die ins Internet abwandern. Sie können auch gekapert werden. Seit Rupert Murdoch sich in Großbritanniens Zeitungsmarkt einkaufte und selbst die große alte »Times« 1981 zu einem Boulevardblatt umdrehte, hat sich der englische Zeitungsmarkt auf Vulgär-Niveau radikalisiert. Der Effekt ist katastrophal – die Hetze auf Prominente, die Verfolgungsjagd der Fotografen auf Lady Diana in Paris am 31. August 1997 mit tödlichem Crash ist nur ein Beispiel, das Fiasko der Brexit-Wahl ein anderes. Ganze Bevölkerungsschichten wurden vor dem Referendum im Juni 2016 desinformiert. Wahlsabotage durch Boulevardpresse!

Italiens Presse geriet in die Hand des Populisten Berlusconi. In Russland wurde im April dieses Jahres die Journalistin Jelena Milaschina von der »Nowaja Gaseta« mit Morddrohungen überschüttet, nachdem sie und ihre Kollegin Irina Gordienko enthüllt hatten, dass über hundert Homosexuelle in Tschetschenien inhaftiert und gefoltert wurden. Adam Shakhidow, Berater des tschetschenischen Präsidenten Ramsam Kadyrow, nannte die Journalistinnen »Feinde unseres Glaubens und unseres Vaterlands«. Der tschetschenische Mufti Salah Meschijew sagte, die »Rache Gottes« werde die Journalisten treffen. Unvergessen die kaltblütige Hinrichtung der Journalistin Anna Politkowskaja am 7. Oktober 2006 durch einen Killer im Treppenhaus ihres Hauses.

In der Türkei sind laut »Reporter ohne Grenzen« hundertfünfzig Journalisten in Haft, die gegen sie erhobenen Vorwürfe lauten Terrorpropaganda, Veröffentlichung von Staatsgeheimnissen, geforderte Strafmaße gehen bis zu »lebenslänglich«. Unter dem Druck des despotischen Erdoğan verzagen Anzeigenkunden, und die regierungskritische Traditionszeitung »Cumhuriyet«, die seit 1924 erscheint, muss um ihre Existenz fürchten. Der türkische Journalismus, befand der türkische Blogger Yavuz Baydar, werde in Zukunft wohl jenseits der türkischen Grenzen stattfinden. Ungarn, schreibt Timothy Garton Ash, habe heute nicht mehr die unabhängigen Medien, die eine Demokratie brauche. In Deutschland droht Gefahr von anderer Seite – seit den 1960er-Jahren hat sich die Reichweite der Tageszeitungen halbiert. Durch ein gefährliches Desinteresse der Leser.

Warum wohl bemühen sich Despoten, als Erstes die freie Presse abzuwürgen? Wieso beschimpfen rechte Populisten Journalisten, nennen sie Lügner, wie Donald Trump es tut? Auf seiner ersten Pressekonferenz kanzelte er kritische Fragesteller ab wie Schulkinder. Medien, die seine Machtausübung kritisch beäugen, wurden ausgeschlossen. Wieso also sitzen weltweit Hunderte von Journalisten in Haft? Weil in der kritischen Presse wie unter Scheinwerfer die Machenschaften der Demokratiefeinde zutage treten. Die Beschneidung bürgerlicher Rechte. Die üblen Steuertricks der Superreichen.

Die Wirkung einer freien Presse ist enorm. Die »Washington Post« und der »Guardian« aus Manchester etwa erhielten 2014 für ihre Aufdeckung der NSA-Affäre den Pulitzer-Preis; sie hatten enthüllt, dass die amerikanische Regierung Telefongespräche in Europa und E-Mails flächendeckend absaugen ließ, bis hin zum Handy der deutschen Kanzlerin. International wurde deutlich, wie gefährdet im Zeitalter des Internet der Schutz der Privatsphäre auch in Demokratien ist.

Der »Guardian«, eine Zeitung mit einer zweihundertjährigen Tradition, hatte schon 2010 einen der widerlichsten Medienskandale der Nachkriegszeit aufgedeckt. Das Revolverblatt »News of the World« aus der Mediengruppe Rupert Murdoch hatte zur Gewinnung von Schlagzeilen Tausende Mobiltelefone von öffentlichen Personen abgehört, Popstars, Mitglieder des Königshauses, bis hin zum Telefon eines ermordeten Mädchens, um die verzweifelten Anrufe seiner Eltern abzufangen, für Schlagzeilen. »News of the World« musste eingestellt werden.

Unbemerkt blieben über Jahre die Machenschaften der Anwaltskanzlei Mossack Fonseca in Panama, über die kriminelle Finanzdeals abgewickelt wurden. Mit der Aufdeckung der Panama Papers, an der international über 400 Journalisten arbeiteten, wurden 11,5 Millionen Dokumente enthüllt. Medien in 156 Ländern machten seit dem

3. April 2016 in über 5000 Veröffentlichungen publik, wer in welchem Land welche Gelder versteckt hatte. Allein deutsche Banken, so stellte sich heraus, gründeten über 1200 Offshore-Firmen für Kunden mit dem Ziel, Steuern zu hinterziehen. Der isländische Premierminister musste zurücktreten, weil auch er dort ein Konto hatte. Es war ein Strudel von Enthüllungen und zugleich ein Triumph der freien Presse und der Demokratie.

Eine der Sternstunden der freien Presse war die internationale Debatte nach 9/11, in der die Intellektuellen aus aller Welt, nicht nur aus Europa und der westlichen Welt, sondern auch aus arabischen Ländern, aus Indien oder Südamerika, auf den Plattformen der Zeitungen miteinander diskutierten über die komplexen Ursachen des internationalen Terrorismus. Während in Amerika, wo weite Landesteile nur über zweifelhafte ultrarechte, religiöse oder boulevardeske Fernsehsender ihre Informationen bekommen, Präsident Bush leichtes Spiel hatte, seinen Bürgern vorzugaukeln, man müsse nur mal Afghanistan bombardieren, und der radikale Islam sei erledigt.

Nie zuvor gab es mehr hervorragend ausgebildete Journalisten als heute. Nahost-Experten, die seit Jahren im Land leben, Korrespondenten, die Parlamentsdebatten verfolgen, Kulturredakteure, die in der Literatur, der Musik, in Film oder Theater bewandert sind. Was die Redaktionen der Zeitungen und der Radiosender oder des Fernsehens machen, könnte man »kuratieren« nennen – sie wählen mit ihrer Expertise aus der Flut der Neuigkeiten das aus, was sie für wichtig halten, sie recherchieren nach, vertiefen, bohren gnadenlos weiter. Erst das ermöglicht eine Breite und Tiefe der Berichterstattung, die das Gegenteil von dem ist, was News-Channel in den sozialen Netzwerken machen, die dem Algorithmus gehorchend ihren Kunden News-Schnippelchen anbieten, die bekannte Interessen der Kunden bedienen, zur Schaffung eines Werbeumfelds. Wer nach Rosen geschaut hat, kriegt Artikel übers Gärtnern, plus Spritzmittel-Reklame. Mal Höcke gesucht? Voilà: Jetzt kommt Futter für die Rechten, womöglich mit kleiner Waffenanzeige. Wer sich so verfangen hat, trifft nur noch auf sein Spiegelbild, wie könnte er etwas entdecken, was jenseits des eigenen Horizontes liegt? Etwa die schockierende Meldung, dass sich in Frankreich jedes Jahr 600 Bauern umbringen, aus Verzweiflung über ihre finanzielle Lage. Wo, wenn nicht in einer besonderen Reportage, wäre Uisenma Borchu zu treffen, diese mongolisch-deutsche Filmemacherin? Wie könnte man erfahren, wie es Migranten aus Afghanistan geht, wenn sie in eine ihnen fremd gewordene Heimat abgeschoben werden? Nur wenn Journalisten sich die Mühe machen, sie zu begleiten, und dokumentieren, was dort passiert. Das können sie nur tun, solange ihre Leser gute Medien am Leben halten. Leider kämpft selbst der »Guardian« um seine Existenz, so wie es die »tageszeitung« lange tat, und braucht Leser, die bereit sind, für die Arbeit der Journalisten zu bezahlen.

Heute, wo viele jungen Leute schon ihr Englisch an der britischen Ausgabe von Harry Potter erprobt haben, und viele von ihnen auch Französisch oder Russisch, Chinesisch, Spanisch lernen, wo jeder Zweite eine zweite Sprache kann, öffnet sich die Welt noch weiter. Ein Klick, und man ist bei »Le Monde« oder »Libération« und kann nachlesen, wie sich Frankreich entwickelt, nun, wo ein Europafreund den Front National in die Schranken gewiesen hat. Ein Klick zur BBC, die seit fast hundert Jahren professionellen Journalismus macht und über ein dichtes Netz von Journalisten in aller Welt verfügt. Die BBC hat sich im Zeitalter des Internets noch einmal professionalisiert. Man konnte, am 18. April 2017, Minuten nach dem Event, die Nachricht sehen, dass Theresa May Neuwahlen ausgerufen hatte. Dazu ein Video mit ihrem Auftritt in voller Länge. Man konnte sich anschauen, mit welcher Selbstgewissheit die englische Premierministerin antrat, mit welcher Häme sie über Kontrahenten herfiel. Wer das nachlesen wollte – der Text der Rede stand darunter, zum Ausdrucken oder teilen.

Ein Blick auf Europa? In der Titelstory des Londoner »Economist«, auf zwölf Seiten, inkl. Grafiken, einzelne Aspekte in Kästen hervorgehoben, das Thema von allen Seiten beleuchtet. Und wie ist eigentlich im Nachhinein die Ära von Barack Obama zu werten? David Remnick, Chefredakteur des Magazins »The New Yorker«, ist ihm über Jahre auf den Fersen gewesen, ein langes, analytisches Stück. Und dann der »London Review of Books«, mit seinen scharfsinnigen Analysen zum Zeitgeschehen, etwa des New Yorker Intellektuellen Eliot Weinberger, oder zur Ära Trump die böse Analyse von Sidney Blumenthal, amerikanischer Journalist (»Trumps Flüche und Drohgebärden gehören zu dem wenigen, was er wahrhaftig meint«). Die »New York Times« hat seit der Trump-Wahl 250 000 Abonnenten hinzugewonnen, weil viele Leute offenbar echte Fakten doch mehr schätzen als alternative *facts*.

Es gibt unabhängige Websites wie die Nachdenkseiten, die ihre Artikel als Gegenöffentlichkeit zu etablierten Medien verstehen. Es gibt Blogs von Wissenschaftlern auf eigenen Websites, die ihre neuesten Erkenntnisse publizieren. Für Fakten kann man sich auf Forschungsportalen durchklicken oder im Amt für Statistik mal schnell nachschauen, wie das noch mal war – Unfälle mit Kindern? In Deutschland alle neunzehn Minuten einer! Berufstätigkeit von Müttern? Meist in Teilzeit. Politisches Interesse der Jugend? Die Shell-Studie sagt es: Nur 41 Prozent sind politisch interessiert.

In der Wahl seiner Medien ist der Bürger auf wunderbare Weise ein Souverän. Auf Papiergedrucktem, beim Zuhören im Radio kann auch niemand kontrollieren, was er liest, anders als beim Schmökern auf einem E-Reader, wo jede Lesepause, jede überschlagene Seite nachvollziehbar ist, oder auf sozialen Plattformen, die etwa in China dafür genutzt werden sollen, über ein »Social Credit System« das Online-Verhalten eines Bürgers zu bewerten und ihm entsprechende Freiheiten zu gewähren oder nicht. Die Pluralität der Presse spiegelt die Pluralität der Gesellschaft und ist zugleich ihr Garant. Die Vielzahl der Journalisten steht für eine Vielzahl von Blicken auf die Welt. Sie blicken dorthin, wo wir nicht sein können. Sie teilen mit uns ihre Expertise und geben Anstöße zum Nachdenken.

Es gibt eine enge Beziehung zwischen einer freien Presse und freien Bürgern in der Demokratie. Ohne dass Bürger sich informieren und die freie Presse nutzen, siecht sie dahin. Schrumpft die Presse, wird es schwerer, sich zu informieren und sich verantwortungsvoll zu verhalten. Wie der Soziologe Achille Mbembe es sagte: Sich zu informieren ist auch Bürgerpflicht! Ohne informiert zu sein, kann man kein der Demokratie verpflichteter Bürger sein. Und in der Vielfalt der Presse – dem Konzert der Stimmen in einer Vielzahl von Medien – wird genau jene Offenheit praktiziert, die Demokratie ausmacht.

7

Gabriele von Arnim

AUF DIE STRASSE

Es ist wieder Zeit für Protestmärsche, Sit-ins, Mahnwachen, Menschenketten

Meine Wut ist jung, sang einst die große alte Dame des deutschen Kabaretts Lore Lorentz. Jetzt verstehe ich sie. Kenne den jung gebliebenen Zorn im alten Kopf. Ich bin älter als das Grundgesetz, einmal geschieden, einmal verwitwet, zweifache Großmutter und bin als Bürgerin immer noch wütend, wenn das Experiment Demokratie von kruden Populisten oder gleichgültigen Politik-Zuschauern aufs Spiel gesetzt wird.

Zwar hatten schon Putin, Erdoğan, Orbán, Kaczyński, Johnson oder Le Pen (um nur von den Ländern in der Nachbarschaft zu reden) meine Rentnerruhe angegriffen, aber der November-Schock (Trump) hat mich getroffen und verstört.

Und so stand ich zum ersten Mal seit Jahrzehnten wieder dort, wo ich mich eigentlich nicht mehr gesehen hatte: Auf der Straße.

Ich protestierte gegen Trump und gegen sein frauenfeindliches Gerede.

Ich demonstrierte für ein freies Europa und für die Demokratie.

Ich nahm meine Enkelkinder mit – begeistert hatten sie ein Plakat gemalt.

Ich mag Menschenmassen nicht. Reagiere misstrauisch auf Fähnchengeschwenke und gemeinsames Singen. Fürchte das aufgeladene Pathos der Einmütigkeit. Und wenn es sich in die falsche Richtung entlädt? Ich weiß, wie manipulierbar Menschenmengen im Gemeinschaftsrausch sind. Habe es nicht nur gesehen in alten Wochenschauen, sondern habe erlebt, wie sich Hunderte von Leibern auf dem grünblauen Teppich eines Saals in einem New Yorker Hotel wälzten, wie sie wimmerten und schrien, während sogenannte Trainer den »Erkenntnisprozess« der Ich-Findung anheizten.

Warum also ging ich auf die Straße, um einem politischen Ziel Gewicht zu verleihen? Das Gewicht meines Körpers. Den persönlichsten Besitz, den ich habe. Ich hätte ja auch Geld spenden können für die Organisation, die Fähnchen, die Anstecker. Aber ich wollte dort stehen, körperlich. Wollte dabei sein und gezählt werden.

»Ich will, dass wir viele sind«, schrieb der rumänische Dichter Robert Elekes nach den Protesten in seinem Land im Februar dieses Jahres, »ich will, dass Menschen aus dem Asphalt wachsen.«

Straßendemonstrationen und Protestmärsche, Sit-ins, Mahnwachen oder Menschenketten haben eine lange und noble Tradition. Und häufig haben sie erst die öffentliche Meinung und dann institutionelle politische Entscheidungen beeinflusst.

Wie die Bürgerrechtsbewegung in den Vereinigten Staaten – 250 000 Menschen nahmen 1963 an dem großen Marsch auf Washington teil und hörten Martin Luther Kings berühmt gewordene Rede: I have a dream! Ein Jahr später wurde der Civil Rights Act vom Kongress verabschiedet, in dem die rechtliche Gleichstellung der Schwarzen im Land gesetzlich festgeschrieben wurde.

Wie die Proteste gegen den Vietnamkrieg, in deren Folge die amerikanische Regierung sich endlich aus dem so mörderischen wie sinnlosen Krieg zurückzog.

Wie die deutsche Anti-Atomkraft-Bewegung in den 70er und 80er-Jahren, die als wichtiger Impuls und als Vorbereiter der Energiewende gilt.

Und ohne die friedliche Revolution der DDR-Bürger, die auf den Straßen und in den Kirchen protestierten, wäre die Mauer wohl nicht gefallen.

Hunderttausende haben im Jahr 2016 gegen das geplante Freihandelsabkommen TTIP demonstriert (demontiert – aus den falschen Gründen – hat es allerdings Trump).

Im Januar dieses Jahres gingen 18 000 Bauern und andere Bürger unter dem Motto »Finger weg von unserem Essen« gegen eine industrialisierte Landwirtschaft und für eine artgerechte Tierhaltung auf die Straße. (www.wir-haben-es-satt.de)

Und am 22. April waren in über 600 Städten auf der ganzen Welt Wissenschaftler zum Science-March gekommen, um deutlich zu machen, dass es zu Fakten keine Alternative gebe.

Über Monate hinweg gab es die Proteste von Pulse of Europe (pulseofeurope.eu) – gegründet von den Frankfurter Anwälten Sabine und Daniel Roeder. Seither kann niemand mehr sagen: Ich kann ja doch nichts tun. Denn hier haben zwei Menschen mit einer Idee, einigen Freunden und zehn einfachen Thesen – von »Europa darf nicht scheitern« bis »Alle können mitmachen, und sollen es auch« – eine Bewegung entstehen lassen, die nach nur wenigen Monaten in vierzehn europäischen Ländern und über hundert Städten Zigtausende Sonntag für Sonntag auf die Straßen lockte.

»Wir wollten irgendetwas tun«, sagt Daniel Roeder, »nicht nur den Zerfallskräften zusehen. Wir wollten unserer Bürgerpflicht genügen.«

Bürgerpflicht?

Ja, sagt der 45-Jährige, er habe das Wort mit Bedacht gewählt.

»Es war so viel Zersetzung und Destruktion um uns herum«, fährt er fort, »wir wollten uns sichtbar dagegenstemmen, wollten positive Energie generieren.«

Als ich zum ersten Mal zu einer Pulse-of-Europe-Demo auf den Gendarmenmarkt in Berlin gehe, übt Roeder gerade mit den damals vielleicht 500 Teilnehmern, gemeinsam laut zu sein. *In diversity*, ruft er ins Mikrofon – *united*, sollen wir zurückrufen. Kasperletheater – ist meine erste Reaktion, bevor ich begreife, was er will. Es sollen nicht nur die anderen laut sein. Die zerstörerischen Kräfte. »Es ist die Lautstärke«, sagt er einige Wochen später im Gespräch. »Wir wollen die Demokratie laut und sichtbar machen. Man spürt das bejahende Rufen im Körper. Es gibt Haltung. Stützt die Hoffnung.«

Promote hope not fear – heißt einer der Grundsätze, die Gene Sharp, Politikwissenschaftler und intellektueller Vater der Protestkultur, aufgestellt hat.

Die erste Demo war am 27. November 2016 in Frankfurt am Main. Die Roeders und ihre Freunde hatten so ziemlich alles falsch gemacht. Hatten übersehen, dass der Sonntag der 1. Advent war und es um 16 Uhr schon dunkel sein würde – und dann hat es auch noch geregnet.

Aber der Funke war entfacht.

Als hätten die Menschen nur gewartet darauf, sich draußen auf der Straße aus der heimischen Schockstarre zu befreien. Man wollte der »Trumpisierung« Europas eine Politisierung entgegensetzen. Und das nicht nach den Wahlen – wie in England oder Amerika –, sondern davor.

Die Bedrohung war spürbar geworden. Und wie das halt so ist, wie wir halt so sind: Was gut ist, nehmen wir hin. Was man uns wegnehmen will, wollen wir dringend haben. Selbst der eigene Ehemann wird ja manchmal erst dann wieder sexy, wenn andere Frauen nach ihm tasten.

Jeden Sonntag kommen mehr Menschen. Es gibt keine Wut gegen andere, keine Ausgrenzungs- und Zerstörungslust. Und keiner muss Angst haben. Wir sind nicht in Rumänien, Polen oder Russland. Wo die Menschen in den letzten Monaten immer wieder mit Mut und Verve oft zu Hunderttausenden protestiert haben und damit rechnen mussten, bedroht zu werden.

Wir brauchen keinen Mut, um die blauen Fahnen mit den zwölf leuchtenden Sternen zu schwenken. Wir werden nicht fotografiert, nicht schikaniert, nicht verhaftet, nicht zusammengeknüppelt. Wir stehen in der ersten Frühlingssonne. Tausende singen die Ode an die Freude.

Mein Lieblingsplakat: Only Zeus can fuck Europe.

Politischer Protest braucht Beharrlichkeit und Fantasie, wie das Leben selbst ja auch.

»Es wäre mithin zum inneren Aufbau der Welt unerlässlich«, schrieb Karl Kraus, »ihr das wahre Rückgrat des Lebens, die Fantasie, zu stärken.«

Als bei einer der Demos Tausende ein orangefarbenes Papier in die Höhe halten, um den niederländischen Nachbarn kurz vor der Wahl einen europäischen Gruß zu schicken, soll das kleine Video davon 1,1 Millionen Mal in Holland (knapp 17 Mio. Einwohner) angeklickt worden sein.

»Es tut gut«, sagt eine Frau, die neben mir steht, »sich irgendwie bemerkbar zu machen.« Wir halten uns beide mengenscheu am Rande. Auch sie vermeidet das Handfassen und Reigenbilden. Und ist doch berührt, fühlt sich gestärkt. Und gestärkt gehen wir nach Hause – vielleicht würden wir uns am nächsten Sonntag wieder dort treffen, »unterm rechten Löwen«.

Und dann schleicht sich der Zweifel in die Zufriedenheit. Ist unser Straßenprotest denn mehr als ein Akt der Selbstbeschwichtigung, der gemeinsamen Selbstvergewisserung? Es zirpt eine Empfindung der unzulässigen Harmlosigkeit. Und bald schon beginnt die öffentliche Kritik an der politischen Inhaltslosigkeit der Demonstrationen.

Und es stimmt natürlich: Auch Politik, die entpolitisiert wird, gefährdet die Demokratie.

Aber, gemach! Hier ist protestiert worden vor den Wahlen in Holland und Frankreich. Und vor der Bundestagswahl. Es ist politisch vielleicht noch nichts erreicht, aber es ist gesellschaftlich etwas geschehen. Viel sogar.

Die EU ist nicht reformiert, aber Europa ist wieder im Gespräch. Weil Bürger es zum Thema gemacht haben. Das mediale Echo hallt durch viele Länder. Die Demonstranten nehmen die Themen mit in die Woche, reden mit Nachbarn und Freunden, denken nach über Europa.

»Endlich«, sagt Hanna Wolff, die seit Jahren für eine europäische Initiative arbeitet (www.citiesforeurope.eu), »gibt es wieder ein Interesse für Europa.« Sie hat auf den Demos Menschen getroffen, die jetzt bei ihr mitarbeiten wollen. Ich treffe Menschen, die Initiativen mit präzisen Zielen zur Reformierung der EU gründen wollen.

Das ist die Hoffnung, das ist das dem Straßenprotest innewohnende Versprechen: Dass es ein Danach geben wird. Straßendemonstrationen waren und sind oft der Anfang einer organisierten Bewegung, der Anfang von Netzwerken. Wie heute in den Vereinigten Staaten. Nachdem im Januar dieses Jahres beim Women's March Millionen von Menschen in Hunderten von Städten auf die Straße gegangen waren, hat nach der Euphorie des Erfolgs die zähe, kleinteilige, unglamouröse Arbeit begonnen. Der Marathon nach dem Sprint.

In Hunderten von Gruppen von Iowa bis New York, von Texas bis Connecticut treffen sich Menschen oft wöchentlich, um über anstehende Gesetzesvorlagen zu informieren, Themen festzulegen, Aktionen zu planen. Sie schreiben Karten an Abgeordnete, organisieren Besuche in Senatorenbüros, rücken dem Gouverneur ihres Staates mit ausformulierten Forderungen über die Schwelle oder gehen von Tür zu Tür, um bei ihren Nachbarn für ihre Anliegen zu werben. Sie arbeiten hart und beharrlich. »Ein

Trump«, sagt Lois Mander aus Upstate New York, »darf uns nicht noch einmal passieren« und schickt gleich eine zweite Mail hinterher: »And now it's fight and laughter.« Sie will Trump bekämpfen – aber ihre Lebensfreude kriegt er nicht.

Viele der Gruppen haben sich unter dem Signum Indivisible zusammengeschlossen. Unteilbar. Eine fast inbrünstige Formel für ein gespaltenes Land.

Also: Erst auf die Straße, dann an die Arbeit.

Auf der Straße holt man sich die persönliche Motivation, die gesellschaftliche Energie, den politischen Willen, holt sich die Lust an der Zusammenarbeit für das Danach und die Kraft für den langen Atem.

8

Elke Schmitter

ICH KANN NICHT ALLES MACHEN

Entwarnung für Überforderte

Musst du auch nicht!

Das Gefühl, alles machen zu können, passt in unsere Zeit. Als Chance, aber auch als Verpflichtung, gefühlt nicht selten als Bürde. Nie haben wir länger gelebt, nie waren wir materiell besser versorgt, nie waren wir besser ausgebildet, nie gab es so viele Möglichkeiten, das Leben selbst zu gestalten. Das Schicksal ist weitgehend abgeschafft: Wir können Kinder haben oder auch nicht, wir müssen nicht den Beruf des Vaters ergreifen, wenn wir Männer sind, und wir müssen nicht heiraten oder ins Kloster gehen, wenn wir Frauen sind. Wen wir als Frauen und Männer lieben, ist zu einer freien Entscheidung geworden. Was wir aus unserem Leben machen – ob wir den Job wechseln oder die Stadt oder das Land, ob wir dick sind oder sportlich, ob wir alleine leben, uns drei Mal scheiden lassen, lebenslang lernen oder die freie Zeit mit Serien auf der Couch verbringen: unsere Entscheidung. Also auch unsere Verantwortung. Was immer schiefgeht in unserem Leben: Wäre es anders gekommen, wenn wir uns nur wirklich angestrengt hätten? Den richtigen Partner zu finden, endlich mit dem Rauchen aufzuhören, gesellig zu werden, eine Umschulung zur rechten Zeit zu machen, ein Haus auf dem Lande zu suchen: Alles im Bereich des Möglichen. Und weil wir so viel mehr Zeit haben als alle Generationen vor uns, wachsen die Möglichkeiten ins Unendliche. Und damit, als Schatten des Schönen, wachsen auch die Selbstzweifel, die inneren Verurteilungen, das Gefühl des Ungenügens. Damit ist man im Regelfall allein.

Das Alleinsein gehört dazu.

Zur Verzweiflung, zur Erschöpfung, zum Überdruss. Die Sozialsysteme funktionieren, in vielem sind wir weniger allein denn je: Wir werden nicht hungers sterben, wir werden mit dem entzündeten Blinddarm im Krankenhaus versorgt, wir dürfen beim Burn-out eine Kur machen, wir können uns irgendwann im städtischen Seniorenheim betreuen lassen, und für den allerletzten Übergang gibt es eine Begleitung im Hospiz. Aber zugleich ist vieles verschwunden, was für die Generationen vor uns selbstverständliches Miteinander war, eine Art soziales Grundrauschen: der mal stärkende, mal nervige Familienverbund, so fraglos wie unentrinnbar. Das gemeinsame Frühstück, die Feiern zu den großen Geburtstagen, die gegenseitige Nachbarschaftshilfe, der Sportverein um die Ecke, der Kirchenchor, die rituellen Betriebsfeiern: Vieles von dem, was lange da war, hat sich aufgelöst, ist outgesourced, aus Mangel an Beteiligung oder aufgrund der vielen Möglichkeiten, die Zeit auch anders zu verbringen – an der Hausbar, im Netz, beim individuellen Abenteuerurlaub oder beim Seminar für inneres Wachstum.

Die schlichte Erfahrung, dass vieles am besten klappt, wenn man es gemeinsam macht, ist, vor allem in den Städten, keine Grundversorgung mehr. Auch die Gemeinsamkeit ist inzwischen zu einer Entscheidung geworden. Wer sie nicht trifft, fällt sozial nicht auf. Ist kein Sonderling mehr, sondern vielleicht sogar besonders erfolgreich. Nur umso mehr unter Stress, als er das nagende Gefühl nicht loswird, dass etwas fehlt. Was er – paradoxerweise – mehr braucht denn je. Denn der mobile Mensch von heute braucht die Gesellschaft tatsächlich mehr als der Eigenbrötler, der in seiner kleinen Heimatstadt geblieben ist – wo Großeltern für die Kinderbetreuung einspringen, wo der Arzt die ganze Familie und deren Krankengeschichte kennt, wo die Nachbarn und die Eckkneipe für Geselligkeit und Heimatgefühle sorgen, für Anregung, aber auch soziale Stabilität.

Und dann sind da noch jene zwanzig Jahre im durchschnittlichen Leben der Berufstätigen, in denen »keine Zeit« die häufigste Redewendung ist: Die Arbeit fordert die volle Konzentration, die Kinder brauchen Dasein und Aufmerksamkeit, die Eltern werden bedürftiger.

Wir alle kennen das Gefühl der permanenten Überforderung. Nicht nur die medialen Nerven, auch die moralischen Muskeln sind überspannt. Zwischen der Unterschriftensammlung gegen Beschneidung in Nordafrika, der Kampagne gegen die Fusion von Bayer und Monsanto und der Demo für Europa gleich um die Ecke, schon am nächsten Samstag, nisten sich stille Wut und Überdruss ein.

Wo soll da noch Raum sein für noch mehr Engagement?

Hier beißt sich die Katze in den schönen Schwanz.

Denn das ist kein persönliches Problem, sondern ein politisches. Zeit für Ehrenämter muss auch gesetzlich freigeräumt werden, ob bei den Regelstudienzeiten oder am Arbeitsplatz.

Aber das politische Problem lässt sich auch persönlich lösen.

Durch einen klugen Umgang mit den eigenen Ressourcen – der Zeit, der Energie, dem Können. Und durch die solidarische Erfahrung: Wenn jeder macht, was er am besten kann, bringt demokratische Praxis mehr Energie, als sie verbraucht.

Denn erst, wenn wir uns engagieren, merken wir wieder, dass wir nicht alles alleine machen müssen. Dass es auch im Politischen die gute alte Arbeitsteilung gibt. Dass das, was wir kompliziert finden – die Rechtsordnung der EU oder den Finanzplan unserer Kommune, die Organisation der Schulspeisung oder das Mentoring für Flüchtlinge –, anderen leichter fällt. Während die dankbar sind für unsere Erfahrung: Wie man Kinder zum Spielen bringt, die sich nicht kennen. Wie man eine Fahrradwerkstatt betreibt, in der man voneinander lernen kann. Wie man den örtlichen Abgeordneten sinnvoll nervt. Wie man Spenden bekommt und abrechnen kann. Wie man aus einem leer stehenden Haus ein Jugendzentrum macht. Wie man Aktionärsversammlungen mit kritischen Fragen in produktive Unruhe bringt. Wie man eine Versammlung so moderiert, dass sie mehr Lösungen als Probleme zur Folge hat. Es gibt für jede Art von Großzügigkeit den richtigen Adressaten: für Menschen mit Zeit, mit Geduld, mit Sinn für Zahlen oder für Ökologie, für Menschen mit Geld oder mit viel Platz, für Menschen mit Langeweile wie für solche, die hochtourig laufen. Es gibt sogar Websites, wo man sich à la carte das Richtige aussuchen kann. Und es gibt, in diesem Buch, noch ein paar extra gute Vorschläge. Denn Demokratie ist schön, macht aber viel Arbeit.

Aber auch Arbeit ist schön, wenn sie die richtige ist.

9 REIN IN DIE PARTEIEN

Christiane Grefe

Zur Wiederbelebung der parlamentarischen Demokratie

Sie hat es doch getan. Hat einen Entschluss gefasst, der eigentlich ganz normal sein sollte in einer lebendigen Demokratie und dennoch beinahe exotisch geworden ist. Miriam Block ist 27 Jahre alt, studiert Psychologie und findet, die Welt müsse sozial und ökologisch gerechter werden. Hätte man sie noch vor Kurzem gefragt, ob sie das in und mit einer Partei erreichen wolle, dann hätte sie sofort abgewinkt: Nee, echt nicht! Da war sich die Hamburgerin so sicher wie die meisten ihrer Freunde. Die finden das wenig verlockend: viele Abende für Diskussionen, Podien und Sitzungen zu opfern. Auch noch am Wochenende über Infomappen, Anträgen, Protokollen und eigenen Texten zu brüten – und am Ende kommen bei der ganzen, nervenzehrenden Anstrengung womöglich doch nur lahme Kompromisse heraus. Zeitverschwendung für jeden, der wirklich etwas erreichen will!

Und jetzt ist sie doch drin. Miriam Block ist Mitglied einer Partei geworden.

Politisch aktiv war Miriam Block ja schon immer. Als Schülerin organisierte sie bei der Hamburger Menschenkette gegen die Laufzeitverlängerung der Atomkraftwerke den Abschnitt Mönckebergstraße. In der Uni half sie, veganes Mensaessen durchzusetzen, zwei Jahre lang hat das gedauert! Sie arbeitete im Fachschaftsrat mit, initiierte einen »Dies oecologicus« und gründete eine AG, in der Lehrende und Studierende gemeinsam ein Curriculum für »interdisziplinäre Nachhaltigkeitsbildung« entwickeln. Aber Parteien? Selbst die Grünen, die Miriam Block inhaltlich noch am nächsten standen, waren ihr lange zu angepasst. Wenn sogar die ihren Visionen so oft untreu werden, dachte sie, dann ohne mich.

Bei genau diesen Grünen aber will sie sich nun doch über die Uni hinaus an den »großen gesellschaftlichen Aushandlungsprozessen« beteiligen, wie sie das formuliert. Warum sie ihre Meinung geändert hat, darauf kommen wir später zurück. Vielleicht wirken ihre Überlegungen ja überzeugend, gar ansteckend?

Denn gut wär's, so entfremdet wie die meisten Bürger den Parteien mittlerweile sind. Nur eine kleine Minderheit engagiert sich bei der SPD, der CDU, Bündnis 90/Die Grünen oder in einem anderen Lager. An diese Entwicklung haben sich alle irgendwie gewöhnt – obwohl der Schwund umgekehrt auch die Parteien den Bürgern entfremdet. Und obwohl das – hier muss es feierlich werden – eine Säule der Demokratie untergräbt. Schließlich schreibt das Grundgesetz den Parteien eine Schlüsselrolle zu. Sie wirken mit bei der »politischen Willensbildung des Volkes« und ringen als seine gewählten Vertreter in Parlament und Regierung darum, diesen Willen in Gesetze zu fassen. Aber wie lebensnah, wie zukunftstauglich werden Gesetze, wenn sich sozial Schwächere in die Parteien nicht mehr hineintrauen und sich viele Stärkere oft spöttisch von ihnen abwenden? Sodass sich in ihnen ein immer kleinerer Teil des Volkes spiegelt?

Auch Tanju Yoldasoglu hatte den Gedanken, sich bei der SPD einzuklinken, immer wieder verworfen. Der 25-Jährige arbeitet als Industrieelektroniker in Iserlohn, in einer der traditionellen Stahlveredelungsfirmen. Weil es bei manchen Unternehmen »sehr unfaire Arbeitsbedingungen« gebe, engagiert er sich als Gewerkschaftsmitglied in der betrieblichen Jugendarbeit. Dabei habe er erfahren, wie viele Familien jeden Euro dreimal umdrehen müssen, erzählt Yoldasoglu: »Sogar einzelne IG-Metaller fallen deshalb auf die Populisten rein.« Umso mehr freut ihn das Versprechen von Martin Schulz, sich mehr für die »kleinen Leute« einzusetzen: »Ich will selbst mit dafür sorgen, dass er das auch wirklich tut.« Anfang April hat Yoldasoglu die Mitgliedserklärung unterschrieben und sich gleich in die Vorbereitungen des Wahlkampfs gestürzt.

Aus den Parteien hört man, dass besonders viele junge Leute wie er infolge der Trump- und Brexit-Schocks eingetreten sind. »Endlich wird in den Ortsvereinen wieder richtig diskutiert!«, sagt eine »Mitgliederbeauftragte« der SPD. Dieses Amt wurde eingerichtet, um neuen Genossen am Anfang Orientierung zu bieten und ihnen zum Beispiel die Entscheidung zu erleichtern, in welchen Gremien sie sich engagieren wollen. Auch Grüne und FDP gewinnen Mitglieder, und der neue Superstar der CDU ist 24, weiblich, ein kritischer Geist. Gerade hat diese junge Frau ein Buch geschrieben: »Für die Zukunft seh' ich schwarz«. Diana Kinnert in ihren schwarzen Longshirts mit Basecap hält viel von Konservatismus, will aber »kaputt machen, was euch kaputt macht«: die organisatorische Erstarrung, zu viel »Satzungsgedöns« und was sonst noch die Kreisverbandsarbeit so zähflüssig macht.

Doch trotz solchem Enthusiasmus kompensiert diese neue, kleine Eintrittswelle bisher nicht einmal ansatzweise den Schwund. Bei der SPD traten im ersten Quartal 2017 rund 16 000 Bürger ein – aber zwischen 1990 und 2014 hatte sich die Mitgliederzahl von fast einer Million auf 460 000 mehr als halbiert. Bei der CDU sank sie im gleichen Zeitraum von knapp 800 000 ebenfalls auf fast die Hälfte. Für viele der aktuellen Partei-Neulinge bleibt es außerdem beim spontanen Mausklick auf dem Eintrittsformular *online*, ohne dass sie ihre digitalen Echoräume für leibhaftige Gremienarbeit verließen.

Die große Mehrheit der Bevölkerung beschränkt sich also weiter auf das Kreuzchen bei der Wahl – und kommentiert die Politik darüber hinaus bequem vom Laptop aus, ein bisschen so wie Statler und Waldorf, die beiden Besserwisser aus der Muppet-Show in ihrer Theaterloge. Von dort aus sieht man auf der politischen Bühne kein lebendiges Parteileben, sondern Typen, über die man entspannt ablästern kann: den »Gottkanzler« Schulz und seinen »Sturz«, die unabänderliche Kanzlerin Merkel, den smarten Lindner, den Unbedingtwoller Özdemir. Politiker: alles nur Selbstdarsteller, Floskelautomaten, Büttel der Lobbys, Karrieristen!

Es ist paradox: Die Bürger trauen den Parteien und ihren Politikern immer weniger zu – doch zugleich erwarten sie alles von ihnen. Sie wollen bedient werden, statt selbst zu kochen; »abgeholt werden«, statt selbst hinzugehen. Und noch paradoxer: Ausgerechnet die Rechten, die Populisten und Gegner demokratischer Werte bei AfD oder Front National, scheinen noch auf die Organisationsform Partei zu bauen – während ausgerechnet unter jenen Staatsbürgern, die sich den großen Herausforderungen Gerechtigkeit, Klimawandel und Europa ernsthaft stellen, viele die Parteien als demokratische Aktivposten so gut wie abgeschrieben haben. Wenn sie sich engagieren, dann meist lieber in einer NGO.

Das liegt auch nahe, die höchst lebendige Zivilgesellschaft ist eine demokratische Errungenschaft und gut angesehen. Ihre Organisationen und Initiativen enthüllen fragwürdige Finanzströme und Abgasskandale, betreuen Flüchtlinge oder Langzeitarbeitslose, konzipieren Modelle für eine Bürgerversicherung oder eine neue europäische Verfassung. Sie drängen auf neue Regeln für die Brüsseler Agrarsubventionen oder ein föderales Europa, erfinden Mehrgenerationenhäuser und Repair-Cafés. Sie bauen Gegengewichte zu den mächtigen Wirtschaftslobbys auf, schaffen Öffentlichkeit für Übersehenes oder ermöglichen wie der Protestdienstleister Campact auch den Gestressten, ihre Meinung per Vordruck kundzutun. Seit der Bürgerinitiativbewegung der 70er-Jahre wurde diese Zivilgesellschaft immer bunter, professioneller, wirkungsvoller, sie vernetzte sich immer dichter.

Aber teils aus politischer Enttäuschung, teils aus Ungeduld beschränkt sie sich oft auf das ungestörte Schreinern sozialer Modelle in der Nische und auf Appelle an »die Politik«. Aber Parteien? Man mache sich »fast lächerlich, wenn man zum Eintritt aufruft«, kritisiert auch der Publizist Mathias Greffrath, »als wäre, außer in einem anarchistischen Paradies, der moderne europäische Staat, diese Errungenschaft, so unwahrscheinlich und kostbar wie Kant oder Beethoven (Pierre Bourdieu), nicht immer noch der wichtigste Hebel der sozialen Veränderung«.

Dieser Hebel bewegt etwas, wenn das demokratische Rollenspiel funktioniert: Parteien, Parlamente und Regierungen brauchen die Kompetenz und den Druck von außen, um zu spüren, wo Veränderung notwendig ist. Aber dann muss es auch eine kritische Masse von Mitgliedern geben, die diesen Druck als Rückhalt nutzen und wie ein Verstärker die Mehrheiten drinnen verändern: innerhalb ihrer Partei, in Koalitionsausschüssen und Parlamenten.

Das beste Beispiel für dieses Rollenspiel ist die Energiewende: Zwar waren es die vielen Physiker, Ingenieure und Landwirte, die früh bewiesen: Wind- und Solarkraftwerke funktionieren. Aber erst das Erneuerbare-Energien-Gesetz sorgte dafür, dass sich die regenerativen Energiequellen bundesweit ausbreiten konnten und heute nicht nur in Deutschland eine realistische Alternative zu den fossilen Energiequellen bieten, sondern weltweit, von China bis Afrika. Die Initiative für dieses Gesetz ergriff eine überparteiliche kleine Gruppe aus fortschrittlichen Abgeordneten der SPD, CDU/CSU und der Grünen im Bundestag, die mit den technischen Experten für neue Energiequellen, mit Energiejuristen und den Bürgergenossenschaften in engem Austausch standen. In ähnlicher Weise kann der Schulterschluss zwischen Zivilgesellschaft und Regierungen selbst international viel erreichen. Auch beim Verbot von Landminen zum Beispiel, bei internationalen Arbeitsrechtsnormen, verantwortlichen Agrarinvestitionen oder den Nachhaltigkeitszielen sind über die Zeit Fortschritte erreicht worden.

Wenn aber das Zusammenspiel zwischen außen und innen auch andere Zukunftsziele wie zum Beispiel eine Arbeitszeitverkürzung in der aufziehenden roboterisierten Gesellschaft oder andere Handelsregeln durchsetzen soll, dann darf nicht eine der Positionen unterbesetzt bleiben. Wer soll sonst in Berlin, Brüssel oder New York die Gesetze durchbringen? Wer dafür sorgen, dass erfolgreiche Modelle aus den Nischen rauskommen und zur Regel werden? Wer wird die wichtigen Forderungen für ein demokratisches, gerechtes und ökologisch tragfähiges Europa mutig aufgreifen? Die freche junge CDU-Frau Diana Kinnert hat recht: »Make political party great again.«

Dass andere da skeptischer sind, kommt nicht von ungefähr. Besonders einladend wirken die Parteien erst einmal nicht. Das liegt weniger an den meist überholten, oft belächelten »Hinterzimmern« als zum Beispiel daran, dass die Bedeutung der Berufspolitiker gewachsen ist. Auch ehrenamtlich Engagierte wollen Macht und Einfluss, aber die politischen Profis sind noch stärker auf Karrierechancen angewiesen. Und so geht es in vielen Parteien immer mehr um die Verteilung von Ämtern, Aufstiegs- und Aufmerksamkeitschancen.

Austauschbar und entseelt wirken die Parteien außerdem, weil sie sich (mit Ausnahme der Linkspartei) auch dem neoliberalen Dogma angepasst haben, das spannungsgeladene Gegenüber zwischen Links und Rechts gehöre der Vergangenheit an. Der neue Ähnlichkeitswettbewerb gebar Langeweile und blockierte die Anstrengung, die jeweils eigenen historischen und traditionellen Werte-Prioritäten vor dem Hintergrund der Globalisierung neu zu denken. Bis heute wirkt das nach. Ein Teil des anfänglichen »Schulz-Effektes« lag ja darin, dass der neue SPD-Kanzlerkandidat mit der »Vorfahrt für Gerechtigkeit« wieder an die SPD-Tradition anzuknüpfen verspricht.

Viele regen heute Reformen für den Parteienstaat an; neue Formen, wie Bürger zusätzlich beteiligt werden können. Die Ideen reichen von elitären »Räten der Weisen« bis zu mehr Volksabstimmungen auf allen Ebenen. Ministerien und die EU-Kommission holen sich seit einiger Zeit in offenen Online-Konsultationen Anregungen für ihre Gesetzesvorhaben. Oder der Kulturhistoriker David Van Reybrouck schlägt Laiengremien vor, die nach dem Losverfahren ausgewählt werden, ähnlich den Schöffen bei Gericht. Solche Planungsgruppen, komponiert nach dem Zufallsprinzip, haben sich vor allem in Kommunen schon oft als kreative Problemlöser erwiesen. »Gegen Wahlen«, wie es der Titel seines anregenden Buches verkündet, ist Van Reybrouck aber letztlich doch nicht. Denn auch die Demokratie nach dem Losverfahren soll Parlamente nur beraten und nicht ersetzen. Man kann und sollte die repräsentative Demokratie vielfältig ergänzen – aber etwas Besseres als sie hat noch keiner erfunden.

Dass man mit Parteiarbeit allen Widerständen zum Trotz Gesellschaften tief greifend verändern kann, haben einst die 68er vorgemacht. Ihre Proteste mündeten nicht nur in neue soziale Bewegungen, sondern auch in einen Masseneintritt in der Ära Willy Brandts vor allem in die SPD. Der »Lange Marsch« durch die Institutionen verdoppelte innerhalb weniger Jahre die Zahl der aktiven Mitglieder, und sie erstritten über die Jahrzehnte mehr Bildungschancen, Gleichberechtigung, Demokratie in Schulen und Hochschulen, mehr Menschlichkeit in Kliniken und Gerichten, im Gesundheitswesen. Die 68er wussten: Demokratie erfordert manchmal starke Nerven, Durchhaltevermögen, man muss Konflikte aushalten, Streit, Machtkämpfe – und schließlich zu Kompromissen bereit sein. Aber: Es macht auch Spaß, gemeinsam etwas voranzubringen. Wahrscheinlich ist es längst wieder an der Zeit für so einen »Marsch durch die Institutionen«.

Für die Studentin Miriam Block ist das Geschichte, aber auch sie wolle die Gesellschaft in diesem Sinne verändern, sagt sie. Die Sache mit den Grünen – ja oder nein – hat sie allerdings lange mit sich herumgetragen. In einem inneren Dialog mit sich selbst fragte sie sich zum Beispiel wie so viele: Was kannst du überhaupt als einzelnes kleines Mitglied schon ausrichten? Dann hat sich Block aber daran erinnert, dass auch bei ihren Hochschulprojekten der Weg immer voller Hürden schien. Dass sie letztlich so viel durchsetzen konnte – und warum sollte das in der Partei nicht genauso klappen?

Doch es nagten noch mehr Zweifel an ihr, die jeder kennt: Bin ich überhaupt der Komplexität großer Fragen wie zum Beispiel der Finanzkrise gewachsen? Du weißt doch gar nicht so genau, wie die richtigen Lösungen aussehen, dachte Miriam Block, sollst dann aber mit darüber entscheiden ... Doch ihre andere Seite widersprach: Das geht doch den anderen Parteimitgliedern genauso! Je mehr unterschiedliche Leute gemeinsam an etwas arbeiten, desto mehr Bausteine an Erfahrungen und Kenntnissen kommen zusammen. Und wenn man sich gegenseitig vertraut, kann man die Arbeit teilen.

– »Aber dann wirst du dauernd in Generalhaftung genommen für grüne Entscheidungen, die du selber falsch findest!«, sagte die Zögerliche.
– »Klar, es wird nicht leicht, das auszuhalten. Aber du bist immer Teil von Politik, auch wenn du dich nicht einbringst. Verhindern kann man falsche Entscheidungen nur, wenn man selber mitmischt!«, sagte die Entschlossene.

In einer Partei, in der die Leute zumindest eine ähnliche Grundhaltung haben wie du selbst, auch das dachte sich Miriam Block, da fällt es erst einmal leichter, sich auf gute Lösungen zu verständigen. »Und wenn das intern gelungen ist, dann hast du bessere Voraussetzungen für die Überzeugungsarbeit in der gesamten Gesellschaft.«

Überzeugungsarbeit, was für ein schönes, fast vergessenes Wort.

Miriam Block hat, seit sie bei den Grünen ist, einen »Jungen Stammtisch« gegründet, sie engagiert sich in der Frauen-, Wissenschafts- und Medienpolitik und wurde gleich zur Delegierten ihres Kreisverbandes für den Bundesparteitag gewählt. Sie wird jetzt genau das tun, was viele so abschreckend finden: kostbare Abende für endlose Diskussionen, Podien, Unterausschusssitzungen opfern und auch noch am Wochenende über stapelweise Arbeit brüten. Aber das wird nicht nur ein Opfer sein, sondern auch eine Freude, sagt sie, »weil man so viel lernt, tolle Leute trifft und etwas bewegen kann«.

10 Susanne Mayer
WO GEHT WAS? UND WIE?

Ein Potpourri der Möglichkeiten, wie man sich einmischen kann

Die gute Nachricht ist: Es braucht meist nicht so viel Mut. Hierzulande. Nicht so viel Mut jedenfalls, wie man im November 2015 in Frankreich brauchte, als beim Attentat der Islamisten auf das Bataclan-Theater in Paris neunzig Menschen getötet wurden und vierzig Menschen in den umliegenden Cafés – und die Pariser sich am nächsten Tag zur Verteidigung ihres freiheitlichen Lebens auf diese Caféterrassen setzten, Slogan »#surterasse«. Haltung zeigen, gegen den Terror! Wie Stéphane Hessel empfahl, der einstige Resistance-Kämpfer, später Lyriker und politischer Aktivist: »Zur Stelle sein mit Worten und Taten, mit Herz und Verstand.«

Zur Stelle sein, so also geht was. Gelegenheiten ergeben sich. Zur Stelle etwa war jene junge Frau, die im Sommer 2015 in einer Fernsehreportage auftauchte, war sie Griechin oder Mazedonierin, jedenfalls aus einem der Länder, durch das sich die Flüchtlingsströme quälten – jeden Tag nach ihrer Sekretärinnenarbeit kaufte sie so viele Flaschen Mineralwasser, wie sie tragen konnte, und brachte sie zum Treck der Flüchtlinge. Eine Geste der Menschlichkeit. Und auch eine hochpolitische Geste, der Genfer Flüchtlingskonvention Geltung verschaffend, mit Herz und Verstand.

Abertausende von Bürgern besannen sich in diesem Sommer von 2015 darauf, was der Stolz dieser Demokratie ist, nämlich dass Kriegsflüchtlinge in diesem Land einen sicheren Hafen finden. Als die Flüchtlinge anbrandeten, brachten sie Erfrischungen, boten Hilfe an. Eine Form der bürgerlichen Selbstermächtigung! Die auch heute in vielen Städten Deutschlands gefragt ist, wo die Migranten in ihren Auffangzentren leben und dankbar sind für jede Geste der Solidarität. Es kann ein Besuch sein, oder Hausaufgabenhilfe für ein Kind aus Syrien, mal jemanden mit ins Kino nehmen. Übungen in Mitgefühl, welches ja der Kitt ist, der eine Demokratie zusammenhält. Wie in Kanada könnten sich Bürger bereit finden, eine Patenschaft für eine Familie zu übernehmen, etwa befristet auf ein Jahr. Das würde den Populisten zeigen, was deutsche Leitkultur ist. Den Weg zu den Migranten findet man leicht über die Gemeinden, die Kirchen, die Caritas, die Diakonie etc.

Spontan zur Stelle waren auch Hunderte von Rechtsanwälten Amerikas, als Donald Trump im Januar 2017 Menschen aus muslimischen Ländern mit Einreiseverbot belegte und an den Flughäfen ahnungslos Ankommende in Gewahrsam genommen wurden – die jungen Juristen fuhren los, übrigens mehrheitlich Frauen, und boten ihren Sachverstand an, den Menschen, die strandeten, und auf gewisse Weise auch dem amerikanischen Rechtsstaat, der gerade angegriffen worden war, von höchster Stelle aus, vom Weißen Haus. Es ist diese Art von Entschlossenheit, wie sie die Frauen in Amerika zeigten, als ein sexistischer und rassistischer Mann Präsident wurde und über eine Million Frauen nach Washington fuhren, die Frauen trugen rosa Mösenmützchen, eine Verspottung Trumps, der sich als Grabscher entlarvt hatte.

Haltung also, Entschlossenheit, gepaart mit Witz und Mitgefühl – das zusammen ergibt schon eine gute Grundausstattung, mit der man Verächtern der Demokratie entgegentreten kann.

Protest kann, wenn Fantasie und langer Atem zusammenkommen, sehr erfolgreich sein. Gandhi erreichte mit listigen Strategien des gewaltlosen Widerstands gegen die Briten die Befreiung von 240 Millionen Indern von der fast hundertjährigen Kolonialmacht der Engländer. Die Balten vertrieben durch fortgesetztes Singen in den Jahren 1987 bis 1991 die russische Fremdherrschaft. Ein Warenboykott für Obst aus Südafrika war ein wichtiger Beitrag zur Beendung der Apartheitd im Jahre 1994. Durch nervtötendes Beharren beseitigten Frauen in den 70er-Jahren in Deutschland das Verbot der Abtreibung. Widerstand gegen die Atomkraft machte dieser weltgefährdenden Energiegewinnung hierzulande den Garaus. Deutschland war das erste Land, das dann der Gewinnung von umweltschonender Energie den Vorrang gab – per Gesetz, das in über sechzig Ländern nachgeahmt wurde. In Kenia sind heute Besitzer von Häusern mit mehr als drei Zimmern bei Strafe verpflichtet, Solarenergie zu nutzen! Das fortgesetzte Beharren darauf, wie die konventionelle Landwirtschaft Tiere und Menschen und Erde schädigt, führte zu einer beispiellosen »Bio«-Bewegung – kein Supermarkt heute ohne Bio-Abteilung.

Die Ausrede von der Alternativlosigkeit des Faktischen wäre damit abgeräumt. Bankendominanz? Allerorten entstehen Gemeinschaftsbanken, schon sind über 2000 Privatwährungen im Umlauf. Gesundheitsfürsorge wird kaputt gespart? Ein Blick nach Hamburg. Auf der Veddel, wo sich Migranten aus aller Welt zusammenballen, war bislang eine Ärztin für 4705 Menschen zuständig, im Gegensatz zum hübschen Eppendorf, wo ein Arzt 164 Leute versorgt. Auf der Veddel wurde nun eine neue Poliklinik in einer ehemaligen Polizeikaserne eingeweiht. Bald wird es in der Kaserne ein Team von zwanzig Leuten geben, Ärzte Sozialarbeiter, Pädagogen, genau so, wie es eine junge Politologin, Milli Schroeder, sich ausgedacht hat: einen Ort zu schaffen, an dem Kranke Hilfe finden und an dem auch ein Zusammenkommen möglich sein wird. Soziale Utopie, selbsttätig umgesetzt.

In Hannover bauen sich junge Menschen mit Containern auf dem Geländer einer Industriebrache eine eigene Welt, mit Werkstätten, Kulturräumen, Cafés, ein Ort, wo durch kooperative Partizipation eine neue Art von sozialem Gebilde heranwächst, das auf die Eigenermächtigung und Experimentierfreude der Bürger setzt und zum Magnetpol für andere junge Menschen wird. Hannover wird cool! In Lichtenberg bei Berlin haben Bürger ihre Stadt gleich in eine Bürger-Kommune umgebaut. Das Bezirksamt ist ein Ort geworden, an dem Bürger ausdrücklich eingeladen sind, sich in kommunalpolitische Entscheidungen einzubringen.

Orte zu schaffen, an denen die Demokratie aufblüht – Ralf Fücks von der Heinrich-Böll-Stiftung spricht von »offenen Möglichkeitsräumen«, Orten also, in denen soziale Fantasie Gestalt annimmt. Solche Orte stehen zurzeit hoch im Kurs. Jetzt, wo sich um uns herum die Welt so bitter zusammenzieht, Polen und Balten etwa abreisen aus Großbritannien, weil es kein Ort mehr ist, an dem sie sich willkommen fühlen, und Flüchtlinge aus der Türkei hierzulande anbranden, von Orten fliehend, an denen Deutsche gerade noch Urlaub machten, ist diese Frage nach Orten, an denen sich Demokratie verwirklicht, sehr dringlich geworden. Orte, an denen Bürger angstfrei ihre Meinungen austauschen und Einfluss auf politische und wirtschaftliche Fragen nehmen können. Wie schnell solche Orte verloren gehen können, sieht man jetzt an der Türkei, wo schon Demonstranten gegen die Machtausweitung der Regierung ihre Verhaftung riskieren. Lange dachte man ja, Deutschland sei ein sicherer Ort für die Demokratie, so lange, bis Neonazis in den Dörfern von Mecklenburg-Vorpommern aufmarschierten und Pegida in Dresden rumschrie und die Morde der NSU aufflogen und die AfD-Politiker die freie Presse Lügenpresse nannten. Die Frage sei doch, sagte ein Freund neulich, wie viele Orte es bei uns in dieser angeblich so sicheren Demokratie wirklich gebe, an denen ernsthaft eine wirklich offene politische Diskussion gepflegt werde. Also keine Talkshow, bei der man zuschaut. Kein Pingpong, bei dem Gleichgesinnte sich mit Wattebällchen bewerfen. Er meinte echte Auseinandersetzungen, in denen beide Seiten bereit sind, das eigene Terrain zu verlassen, und sich auf gedankliches Neuland vorzuwagen. Politische Diskussionen, in denen sich die Bürger einer Demokratie untereinander darüber verständigen, was diese Demokratie für sie bedeutet.

Der Fotojournalist Tom Vargen hat vor einem Jahr kurzerhand einen Verein gegründet, er nennt sich »Wissenskneipe«. Fünf erste Mitglieder. Die Wissenskneipe ist ein temporärer und wandernder Ort, er materialisiert sich etwa für einen Abend in echten Kneipen, wo zu einem Thema diskutiert wird: Arbeit. Oder: Religion. Kleiner Impuls durch einen Experten, dann geht es los, mit dem Austausch von Ideen. Vargen will das als einen Beitrag zur demokratischen Redekultur verstehen, wo Menschen sprechen, »analog«, betont er, »von Angesicht zu Angesicht«.

Solche Orte öffnen sich jetzt auch im Privaten. Eine Schriftstellerin lädt ein zu sich nach Hause, zu einem Wochenende der Diskussion zum Thema »Mut«. Ein Ehepaar, sie Psychologin, er Journalist, haben ihre Scheune im Wendland in diesem Sommer in eine Arena der Diskussion transformiert – eine Woche lang, jeden Tag ab fünf soll es um Fragen wie diese gehen: Wollen wir den Rechten die Bühne überlassen? Braucht es positive Störer? Wie verändern wir Strukturen?

Ansatzpunkte für diese Diskussionen sind oft dieselben, auf die sich auch die neue Rechte stürzt – weil es genau diese neuralgischen Knotenpunkte sind, in denen sich das vernetzt, was Demokratie ausmacht: Bürgerrechte. Gleichheit der Geschlechter. Freiheit der Religionsausübung. Meinungsfreiheit. Schutz der Umwelt vor Profitinteressen des globalen Kapitalismus. Die Freiheit zu lieben, wen man möchte. Und es zeigt sich – Orte für diese Diskussionen lassen sich überall schaffen. Ein Lehrer inszeniert einen solchen Ort in der Pausenhalle seiner Schule. Oder: Die Straße wird als Ort der Diskussion neu erfunden. Freunde und Interessierte einladen, Stühle raus, lange Tische aufstellen, und dann: »– essen, debattieren, feiern und gemeinsam zeigen, welches Land Deutschland sein will und kann.« So steht es diesen Sommer in der Einladung der Stiftung »Offene Gesellschaft«. Es geht um mehr als ein normales Straßenfest. Dieses Fest soll den Rechten zeigen, wer die Mehrheit ist in diesem Land, nämlich Menschen, die sich für freiheitliche Demokratie engagieren, die einstehen »für gelebte Offenheit, Gastfreundschaft, Großzügigkeit, Vielfalt und Liberalität«! Eine Anregung des Sozialpsychologen Harald Welzer und seiner Organisation »FuturZwei«.

Harald Welzers Gedankenschmiede »FuturZwei« ist ein Archiv mit hunderten Geschichten über das Gelingen von bürgerschaftlichem Engagement. Sie werden publiziert, nun schon in einem dritten Band, es gibt jetzt drei mal 400 Seiten, prall mit Anregungen für das eigene Tun. Es wird ja oft kritisiert, dass die Nachrichten nur Negatives bringen, hier steht mal nur Positives. Es sind Erzählungen von dem, was möglich ist, in Deutschland, Österreich und der Schweiz und weiteren 27 Ländern, in denen Menschen eine erstaunliche soziale Fantasie einsetzen, damit Demokratie mehr ist als das geduldige Warten darauf, alle vier Jahre ein Kreuzchen zu machen.

In Toronto transformiert eine Gärtnerin öde Rasenflächen im Auftrag ihrer ökologisch denkenden Besitzer, die aber keine Zeit haben, um selber zu harken, in Plantagen für Salat und Tomaten, Artischocken und Möhren und versorgt sie mit Bio-Lebensmitteln; was übrig ist, kommt auf den Markt. In Prag kochen obdachlose Frauen auf Märkten und finden so wieder ins Gespräch mit anderen. In Leipzig wachsen auf Brachflächen urbane Wildwuchsparks und befördern das soziale wie globale Klima. In der Vielfalt dieser Projekte verwirklicht sich die Pluralität der demokratischen Gesellschaft.

Ein Wort für das Ehrenamt. Klingt ja leicht langweilig. Die Rede ist von Arbeit, für die es kein Geld gibt. Das zu schätzen in einer Welt, deren Denken vom Gewinnstreben geprägt ist! Es ist ja auch eine Freiheit, das zu tun, was man für notwendig hält, ohne Vermittlung durch Geld oder Konsum. Etwa die Mentorschaft für ein Schulkind zu übernehmen. Da zu sein für das Kind. Junge Menschen aus bildungsfernen Schichten zu beraten auf ihrem Weg durch die Universitäten. Augenschwachen alten Menschen vorzulesen. Bei Greenpeace mitzuarbeiten oder für Amnesty International Briefe zu schreiben, damit die Leute, die in den Kerkern der Unrechtsstaaten verschwunden sind, nicht vergessen werden. Im Ehrenamt verwirklicht sich ganz unmittelbar eine Welt der Solidarität. Für alle, die gerne weithin sichtbar ihr Engagement zeigen möchten, gibt es natürlich auch die politische Bühne. »Wagen Sie es, herauszustechen!«, ruft uns der amerikanische Historiker und Yale-Professor Timothy Snyder zu. »Einer muss es tun!«

Es fühle sich anfangs vielleicht merkwürdig an, so Timothy Snyder, aber wenn einer es wage, sei der Bann gebrochen und andere würden folgen. Man findet für solche Auftritte im Netz wunderbare Anleitungen – unter #indivisible. Amerikas Linke hat sich in der Ära Trump nicht nur diversifiziert, sondern multipliziert, die Gruppe #indivisible, die aus Solidarität mit Muslimen entstand, die Mr. Trump aus Amerika scheuchen wollte, besteht schon Monate später aus über 6000 Initiativen, die sich auf ihrer Website frech wie Konfetti über eine Amerikakarte verteilt haben. In einem geistigen Piratenstreich hat man sich das Handbuch der rechten Teaparty unter den Nagel gerissen, das einst christliche Fanatiker anwies, wie sie die Politik des demokratischen Präsidenten Barack Obama torpedieren konnten. Umgeschrieben, dient das Papier jetzt als Gebrauchsanweisung für die politische Konfrontation mit Abgeordneten jeder Couleur.

Strategie für den Besuch einer Wahlveranstaltung. Sprechen Sie sich mit vier, fünf Leuten ab, erstellen Sie eine gemeinsame Frageliste. Verteilen Sie sich im Raum. Der Erste stellt dem Wahlkandidaten die erste Frage, ein anderer hakt nach, stellt Frage 2, usw. Was für Fragen? Einen CDU-Kandidaten könnte man fragen, warum die CDU für Frauen wählbar sein sollte, wenn noch nicht einmal die CDU-Kanzlerin Merkel es wagt, sich zum Feminismus zu bekennen. Grüne Kandidaten könnte man fragen, mit welchen visionären Ideen sie die Jugend zur Wahlurne locken wollen. Wann wird die SPD ein gerechtes Familiensplitting einführen? Ist sich der FDP-Abgeordnete darüber im Klaren, dass die Kluft zwischen Arm und Reich die Demokratie untergräbt, weil Arme in ihrer Wahlbeteiligung um bis zu 25 Prozent niedriger liegen als Wohlhabende? Auf der Website von www.wemove.eu, gegründet aus Attac heraus, finden sich Regieanweisungen für die politische Bühne. Etwa zur Unterstützung der türkischen Zeitung »Cumhuriyet«, von der sich die von Erdoğan bedrohten Anzeigenkunden zurückziehen – Seite mit Cumhuriyet-Schriftzug ausdrucken, mit Merksatz versehen (»Keine Zukunft ohne Pressefreiheit!«), Selfie machen und, zack, auf Facebook und Twitter posten!

Motto insgesamt: Nicht lockerlassen, gerne nerven. Bezirksabgeordnete in ihrem Büro aufsuchen, Fragen stellen. Man kann so auch Druck auf jene ausüben, die daran arbeiten, die Demokratie abzuschaffen. Kostet natürlich Zeit. Was zur Frage führt, wie viel einem das alles wert ist, die Demokratie.

Eine Stunde am Tag, schlägt Timothy Snyder vor. Oder einen halben Tag pro Woche? Im Monat? Nicht zu viel, oder, gemessen an den schönen Jahren, die wir alle, die heute in diesem Land leben, in Wohlstand und Frieden genossen haben. Etwas zurückzugeben wäre freundlich, auch gegenüber der Jugend, als Geste der Solidarität unter den Generationen. Wer, hoffentlich gut begründet, der Meinung ist, keine Zeit zu haben, kann immer noch auf startnet.com nach einem kulturellen oder sozialen Projekt suchen, das finanziellen Anschub braucht.

Startnet wurde vor sechzehn Jahren als erste deutsche Crowdfunding-Plattform gegründet, es konzentriert sich auf kreative und nachhaltige Ideen, schon wurden 4 500 Projekte angestupst. Wie also wäre es mit dem Support für eine Komposition, Titel »Zwischen Okzident und Orient«? Horn, Klarinette, Violoncello? Drei junge Musiker, eine aus dem arabischen Raum, etc. Wer ein lohnendes Projekt gefunden hat – Dauerauftrag einrichten!

Manchen, die sich gerne für die Demokratie ins Zeug legen würden, fehlt es vielleicht an Mut. Sie haben womöglich gehört, dass es da so ein offenes Café der Begegnung gibt, wo sich Bürger mit Migranten treffen – aber einfach aufkreuzen? Bei Leuten, die man nicht kennt?

»Ein Tipp«, sagte dazu eine Blankeneser Lady im aprikosenfarbenen Twinset, die sich bei der Kirche engagiert und das Café International des Thalia Theaters empfiehlt: »Kreuzen Sie einfach auf. Setzen Sie sich zu den Leuten.« Prüfender Blick: »Wenn Sie Scheu haben, kommen Sie eine Viertelstunde vorher. Es werden sich Leute zu Ihnen setzen!«

Man tritt also ein und sieht vier Tische mit Menschen. An einem sitzt eine Dame mit Lesebrille, umringt von jungen Männern, vor ihnen liegen Schulhefte und Bücher. An einem Tisch sitzen zwei Schwarze, zwischen ihnen ein Schachbrett. An einem anderen brütet ein Schauspieler mit einem jungen Migranten über einem Bewerbungsbogen. Am vierten Tisch sitzt eine junge Schauspielerin, Ines, sie sagt: »Wie schön, dass Sie gekommen sind!« Dann spielen wir ein Wortspiel mit den Männern am Tisch, einer aus Eritrea, einer aus Syrien, einer aus dem Iran, einer aus Äthiopien. Wir spielen Deutsch sprechen. Ein Begriff ist zu erraten, den man mit Worten umkreist. Mustafa macht die Augen zu und mimt Schlaf. Gestikuliert. Sagt etwas von »passieren« und »wild«. Ines sagt: »Du träumst? Was träumst du, Mustafa?« Er verstummt. Er berührt die Narben auf seinem Gesicht, auf dem kurz geschorenen Schädel.

Solche Begegnungen brauchen ein, zwei Stunden. Mitten am Nachmittag, in der Woche. Das kann nicht jeder. Aber nun, wo die Wahlen näher rücken und es sich so hilflos anfühlt, wenn die AfD zur besten Talkshow-Zeit gegen den freiheitlichen Rechtsstaat hetzt? Wo von Polen über England bis zur Schweiz die Nationalisten Front gegen sogenannte Ausländer machen? Und reaktionäre Alte die hoffnungsfreudigen Jungen zu überstimmen drohen, wie im Brexit-Referendum, schon weil zu viele junge Menschen nicht zur Wahl gingen? Die Gleichgültigkeit junger Menschen gegenüber der Demokratie – das ist vielleicht die größte Gefahr. Wo keiner wählt, ist die Demokratie am Ende. Hier liegt eine Aufgabe für Eltern, Lehrer, Paten: junge Menschen für die Demokratie zu begeistern! In der Schweiz haben junge Menschen übrigens vor drei Jahren kurzerhand eine Partei der jungen Leute gegründet, »Operation Libero«, eine Bewegung für eine weltoffene, progressive Schweiz. Sie sehen die Schweiz lieber als ein »Chancenland«. 3000 Aktivisten, Hunderttausende Franken an Spenden. Und nun mal sehen.

Die kleinste Währung des demokratischen Engagements ist natürlich das persönliche Gespräch. Jeden Tag ein politisches Gespräch, warum nicht? Mit wem? Mit jedem möglichen. Wer sitzt Ihnen am Frühstückstisch gegenüber? Wie wäre es mit dem Nachbarn oder der Frau im Backshop? Der junge Schwarze, der sich in der Bahn neben sie setzt? Die afrikanische Autorin Petina Gappah schwärmt davon, wie anregend es ist, jeden Tag mit einer neuen Person ins Gespräch zu kommen. So ist es!

Geht etwa so: Sich in die Augen schauen. Sagen, was man denkt. Nein, man findet nicht, dass zu viel über Feminismus geredet wird, im Gegenteil. Ja, wir haben viele Flüchtlinge aufgenommen, ist das nicht wunderbar? Kennen Sie welche? Ein Skandal, dass die Löhne der unteren

40 Prozent heute niedriger sind als in den 90er-Jahren. Müssen wir ändern!

Etwa so. Sich keinesfalls bei den Populisten und Nationalisten anbiedern durch Zugeständnisse. Freundlich auf dem beharren, was man für richtig hält. Wie schön es ist, in einer offenen Gesellschaft zu leben. Was alles zu bewahren ist. Auch für die Kinder. Gerade für sie! Dieser Traum von einer egalitären Gesellschaft. Freizügigkeit. Die Demokratie!

ZUM WEITERLESEN, WEITERKLICKEN, WEITERMACHEN

SACHBÜCHER

ADORNO, THEODOR W.: *Studien zum autoritären Charakter,* Suhrkamp Taschenbuch Wissenschaft, Frankfurt 1995

AMANN, MELANIE: *Angst für Deutschland, Die Wahrheit über die AfD: Wo sie herkommt, wer sie führt, wohin sie steuert,* Droemer/Knaur, München 2017

EMCKE, CAROLIN: *Gegen den Hass,* S. Fischer Verlag, Frankfurt 2016

ERDOĞAN, ASLI: *Nicht einmal das Schweigen gehört uns noch.* Essays. Knaus Verlag, München 2017

GARTON ASH, TIMOTHY, *Redefreiheit, Prinzipien für eine vernetzte Welt,* Hanser Verlag, München 2016

GIESECKE, DANA, mit SASKIA HERBERT und HARALD WELZER: *FuturZwei Zukunftsalmanach 2017/2018. Geschichten vom guten Umgang mit der Welt. Schwerpunkt Stadt,* S. Fischer Verlag, Frankfurt 2017

GUÉROT, ULRIKE: *Warum Europa eine Republik werden muss! Eine politische Utopie.* Dietz Verlag 2016

HAVEL, VÁCLAV mit JIŘÍ GRUŠA: *Die Macht der Mächtigen oder Die Macht der Machtlosen,* Wieser Verlag, Klagenfurt/Celovec 2006

Miłosz, Czesław: *Verführtes Denken*, Suhrkamp Verlag, Frankfurt 1974
Klemperer, Victor: *LTI – Notizbuch eines Philologen*, Reclam Verlag, 2015
Roll, Evelyn: *Wir sind Europa! Eine Streitschrift gegen den Nationalismus*, Ullstein Verlag, Berlin 2016
Scheer, Hermann: *Die Politiker*, Verlag Antje Kunstmann, München 2003
Sharp, Gene: *Von der Diktatur zur Demokratie. Ein Leitfaden für die Befreiung*, C. H. Beck Verlag, München 2014
Snyder, Timothy: *Zwanzig Lektionen für den Widerstand*, C. H. Beck Verlag, München 2017
Steinmeier, Frank-Walter: *Europa ist die Lösung – Churchills Vermächtnis*, Ecowin, Wals 2016
Van Reybrouck, David: *Gegen Wahlen. Warum Abstimmen nicht demokratisch ist*, Wallstein Verlag, Göttingen 2016
Vetter, Reinhold: *Nationalismus im Osten Europas – Was Kaczyński und Orbán mit Le Pen und Wilders verbindet*, Ch. Links Verlag, Berlin 2017
Welzer, Harald: *Wir sind die Mehrheit: Für eine Offene Gesellschaft*. S. Fischer Verlag, Frankfurt 2017
Wilkens, Andre: *Der diskrete Charme der Bürokratie – Gute Nachrichten aus Europa*, S. Fischer Verlag, Frankfurt 2017

ROMANE

Didion, Joan: *Demokratie*, Claassen Verlag, Berlin 2007
Jacobson, Howard: *J. Roman*, DVA, Stuttgart 2015

Jenni, Alexis: *Die französische Kunst des Krieges*, Luchterhand Literaturverlag, München 2012
Lewis, Sinclair: *Das ist bei uns nicht möglich*, Aufbau Verlag, Berlin 2017
Roth, Philip: *Verschwörung gegen Amerika*, Hanser Verlag, München 2004
Saunders, George: *Zehnter Dezember*. Stories, Luchterhand Literatur Verlag, München 2014

LINKS

abgeordnetenwatch.de
pulseofeurope.eu
wemove.eu/de
asoulforeurope.eu
die-offene-gesellschaft.de
campact.de
startnext.com
amadeu-antonio-stiftung.de
wir-haben-es-satt.de
investigate-europe.eu
europa-neu-begruenden.de
restart-europe-now.eu
opendemocracy.net
indivisibleguide.com
freedomhouse.org
jacobinmag.com
freespeechdebate.com
truLies-Europe.de

DIE AUTORINNEN:

Gabriele von Arnim, 1946 in Hamburg geboren, hat Politik und Soziologie studiert und in New York, München und Bonn als Buchautorin, Moderatorin und freie Journalistin für Radio, Fernsehen und Printmedien gearbeitet. Heute lebt sie in Berlin.

Christiane Grefe, geboren 1957 in Lüdenscheid, studierte an der Deutschen Journalistenschule und Politikwissenschaft in München. Sie war freie Journalistin bei Natur, Geo Wissen und beim Magazin der *Süddeutschen Zeitung* und arbeitet seit 1999 als Redakteurin und Reporterin für DIE ZEIT. Zuletzt erschien »Global Gardening. Bioökonomie – Neuer Raubbau oder Wirtschaftsform der Zukunft?« (Kunstmann 2016)

Susanne Mayer, 1952 in Bonn geboren, studierte in Freiburg und Ann Arbor, Michigan Literaturwissenschaft. Kulturreporterin, Literaturkritikerin und Autorin seit 1986 bei DIE ZEIT. Im Feuilleton erscheint ihre Kolumne »Männer!« und auf ZEIT Online ihr Blog »Endlich Vintage!« Zuletzt erschien »Die Kunst, stilvoll älter zu werden – Erfahrungen in der Vintage-Zone«, (Berlin Verlag 2016). Theodor-Wolff Förderpreis 1985, Emma Journalistinnen Preis (1990 und 1994).

Die Politologin und Theodor-Wolff-Preisträgerin **Evelyn Roll**, geboren 1952, arbeitet als Reporterin und Autorin der *Süddeutschen Zeitung* in Berlin. Außerdem schreibt sie Bücher, zuletzt »Wir sind Europa! Eine Streitschrift gegen den Nationalismus« (Ullstein, 2016).

Elke Schmitter, geboren 1961, studierte Philosophie in München und arbeitete als Journalistin für die taz, DIE ZEIT und die *Süddeutsche Zeitung*; seit 2001 für DER SPIEGEL. Sie schreibt Romane, Lyrik, Essays und Kolumnen.

Coverdesign: Heidi Sorg und Christof Leistl, München
Typografie + Satz: frese-werkstatt.de
Druck und Bindung: Pustet, Regensburg
ISBN 978-3-95614-210-9